ENCICLOPEDIA HISTÓRICA DE SAGUA LA GRANDE

Tomo I

MITOS, LEYENDAS Y CURIOSIDADES

COLECCIÓN CUBA Y SUS JUECES

EDICIONES UNIVERSAL, Miami, Florida, 2014

PEDRO SUÁREZ TINTÍN
(Archivo Sabaneque)

ENCICLOPEDIA HISTÓRICA DE SAGUA LA GRANDE

Tomo I

MITOS, LEYENDAS Y CURIOSIDADES

Copyright © 2013 by Pedro Suárez Rojo (Tintín)

Primera edición, 2014

EDICIONES UNIVERSAL
P.O. Box 450353 (Shenandoah Station)
Miami, FL 33245-0353. USA
Tel: (305) 642-3234   Fax: (305) 642-7978
e-mail: ediciones@ediciones.com
http://www.ediciones.com

Library of Congress Catalog Card No.: 2014940835
ISBN-10: 1-59388-065-0
ISBN-13: 978-1-59388-065-1

Ilustración en la cubierta: Fotos de Sagua (Colección Tintín)

Diseño de la cubierta: Luis García Fresquet

Todos los derechos
son reservados. Ninguna parte de
este libro puede ser reproducida o transmitida
en ninguna forma o por ningún medio electrónico o mecánico,
incluyendo fotocopiadoras, grabadoras o sistemas computarizados,
sin el permiso por escrito del autor, excepto en el caso de
breves citas incorporadas en artículos críticos o en
revistas. Para obtener información diríjase a
Ediciones Universal.

ÍNDICE

INTRODUCCIÓN 9

PRÓLOGO 13

CAPÍTULO I — LOS FANTASMAS DE LAS
    CAVERNAS 15
    Mitos y leyendas del Mogote 17
    El Magüi o La Madre Agua 20
    El Gato cavernícola 24
    La Bruja del caldero 25
    El Manantial de la Lechuza 28
    La Virgen de la Cueva 29
    La Campana de la suerte 30
    La Cueva del mono 32
    El Jinete sin cabeza 34
    Piratas en El Mogote 37
    El baúl pirata 39

CAPITULO II — LOS TESOROS DE SABANEQUE . . . 43
    La leyenda del Jatal 47
    Cayo La Vela 50
    Vino Añejo 51
    El tesoro de Rackham 53
    Los tesoros de Cayo Cristo 54
    El tesoro de la fragata San Juan 56
    El Tesoro del Olonés 58
    Cañones tapiados 58
    La cruz de plata 59
    La bóveda pirata 59
    Bergantín de Juan Clara 60
    Tesoro de Piedra Negra 60
    El crucifijo de Umoa 61
    Monedas de Versagua 62
    Cayo Santa María 63
    La Flota de Plata 63
    El rancho del cojo 63
    Las dos anclas 64
    Los cofres de granadillo o el tesoro de la Ceiba . 65

La guarida de Morgan 66
La corona de la cómica 67
El pirata Jean Laffite en Cayo Cristo 68
El detector de metales 71
Probando el detector en El Mogote 73
La corona perdida 74
Finca La Jutía......................... 75
Pepe Cuca 77
La hortaliza de los chinos 78
Botijuela de La Rubia 79
Ingenio Capitolio 80
Cueva de José Luis Robau. Loma Bonita 82
El Tesoro de la cadena 85
El Viejo cuartel español 89
Ingenio Flor de Cuba 90
El dinero de los cimarrones 91
La Esmeralda del Purio 92
La Cueva del Diablo 93
Segunda exploración y fenómeno de coincidencia 98
Botija de Amaro 100
Tesoro de La Sierra 100
La fortuna de Azpiri (Santo de Azpiri). El tesoro
  del dueño de «La Pastora» 100
Descubrimiento en el Central Atenas 101

CAPITULO III — LEYENDAS RURALES 105
El esclavo del Purio 107
Rarezas zoológicas 107
La momia de Sagua 113
Los chinos esclavos 114
La poza de la vieja Trabuco 116
Leyenda del Arroyo Ternero 117
La leyenda del sábalo 118
La curva de Santo 120
El barco fantasma 121
El niño y la Virgen 124
Algunos relatos de Don Pepe Beltrán 125
    — La Serpiente Marina 125
    — Diego Grillo 128
    — Los barcos negreros 129

CAPÍTULO IV — LEYENDAS URBANAS 133
El cementerio de los patriarcas 135

Charco La Palma 136
El Güije 139
La inundación de Carrazana 141
El Noé sagüero 142
La dama del baile 144
El fantasma del hotel 148
Las almas en pena 150
Los dientes del niño 150
Bernardina la comadrona 151
La India Sención 152
La Laguna de los Hoyuelos 154
La extraña luz de la Laguna de Canto 157
El Caballo Bayo 158
La capa del cementerio 161
La invasión de la hormigas 163

CAPÍTULO V — CURIOSIDADES SAGÜERAS 165
El secuestro de Hemenway 167
La vieja de Jiquiabo 168
El Viejo pueblo indio 169
Los majaes de Ciriaco 170
Las golondrinas de la Virgen 170
La Costa de Oro 171
Canoa Aborigen 172
Palmitas endémicas 173
Cajita enterrada (La Cápsula del Tiempo) 174
Cárcel sin presos 175
El carrito de las carnes 174
El robo de los plátanos 176
El Garrote 177
Veneno para Robau 178
El fantasma del Mausoleo 179
De La Gloria al Infierno 180
Falsa alarma 180
Ferrocarril a Playa Uvero 181
Trenes que daban viajes entre la Villa del Undoso
    y la playa Uvero 182
El yogui en la plaza 183
La cencerrada 183
Los noctámbulos de Chuchú 184
Papá Montero 184
El Conde y la Reina 185
Chivos en la Corte 186

Comparación mediocre 186
El farero y el presidente 187
Aterrizaje en la playa 188
El Aeroclub 190
Restos humanos 191
Una enanita en el Teatro Lazcano de Sagua ... 192
Marionetas 195
Barco mercante griego «Nikolis M» 195
El Capitán Nemo de Sagua La Grande 197
El general Emilio Núñez Rodríguez 197
El nombre de un sagüero está en la Luna 200
Visita del Doctor Vaquez a Sagua 202
La Reconcentración de Weyler 204
Reconcentrados 205
Comisión de ayuda a los desamparados 206

CAPITULO V — EL PROGRESO EN SAGUA 209
¡Etanol! ¿Invento moderno... palabrita de moda? 210
Destilería « El infierno » 210
Alumbrado de gas en Sagua 212
La electricidad en Sagua e Isabela 212
El telégrafo en Sagua e Isabela 213
La Radio en Sagua 214
La fotografía en Sagua 215
Primer periódico en Sagua 216
Primeros relojeros en Sagua 218
El teléfono en Sagua 218
El fonógrafo en Sagua 218
La televisión en Sagua 218
El cine en Sagua 219
El video (VCR) en Sagua 219
Websites sagüeros 220
Web *sites* de Sagua la Grande en internet 220
Exposición de fotos sagüeras en webs 221
Intercambio de mensajes sagüeros (foros-chats) 221
Periódicos cibernéticos 221

BIBLIOGRAFÍA 223
    Artículos de periódicos coloniales y republicanos .. 227
SOBRE EL AUTOR 229

VOLÚMENES en preparación de la «*Enciclopedia histórica de Sagua la Grande*» 231

INTRODUCCIÓN

Sagua La Grande es una ciudad ubicada en el centro-norte de la Isla de Cuba, aunque también este nombre lo lleva su río y su antigua Región. Se deriva de una combinación aborígen (Sagua), y el aporte español (La Grande) para así diferenciarla de otras «Saguas» que existen en el país.

A la llegada de los conquistadores españoles Sagua era un país con su propio rey y se le conocía con el nombre de «Sabaneque», territorio indio que abarcaba desde «Motembo» hasta el «río Sagua La Chica» y desde «los cayos» hasta la actual carretera central, es decir toda una estratégica y fértil llanura atravesada por el río más grande de la costa norte de Cuba, el «Sagua La Grande». Sus países vecinos eran «Yucayo» (Matanzas), «Cubanacán (Santa Clara) y «Sabana» (Remedios).

Al hacer su propio mapa físico y político, los colonizadores españoles tomaron la misma división indígena de «Territorio Sabaneque» y la rebautizaron con el de: «Jurisdicción de Sagua la Grande» influenciados por el gran río que era la expresión orográfica más destacada (y por tanto simbólica) de la región. De esta forma se mantuvo por varios siglos esta enorme jurisdicción que en poco tiempo se llenó de ingenios azucareros, líneas de ferrocarriles y uno de los más importantes y estratégicos puertos de Cuba.

Durante la época de la piratería los filibusteros del Caribe descubrieron que Sagua era estremadamente estratégica para ellos debido a la gran cayería norte muy apta para esconderse, y también debido a la cercanía del Canal de San Nicolás por donde tenía que pasar obligatoriamente la ruta del oro hacia Europa. También comprobaron que el río Sagua La Grande era navegable muchos kilómetros tierra adentro lo cual les era muy provechoso para esconder y negociar sus botines, así como para obtener los alimentos y otros productos que solo se adquirían en los campos de Sagua. La tradición ha compilado el paso por aquí de los más grandes piratas de la época algunos de los cuales establecieron sus propios cuarteles generales, y en otras muchas leyendas se narran sus hazañas y tesoros dejados por esta rica zona histórica.

La ciudad de Sagua La Grande se fundó dentro de la Jurisdicción del mismo nombre el 8 de diciembre de 1812, aunque ya esta población existía desde mucho antes y eran muy conocidos sus aserraderos que surtían de lujosa madera a los astilleros de La Habana y de España. De este maravilloso bosque se extrajo la madera que sirvió para construir el palacio «El Escorial» en España. A sus vírginales bosques de excelente madera se les conocía como: «Costa de Oro» siendo este el principio del exitoso progreso de la jurisdicción con su cabecera naciente la ciudad de Sagua La Grande que se benefició además con el astronómico intercambio mercantil que estalló exponencialmente con el cercano vecino: «Estados Unidos de América» a mediados del siglo XIX. por la rápida vía del meridiano 80.

Su fascinante y pintoresca Estación de Ferrocarril surgió a mediados del siglo XIX cuando aún ni la propia Metrópoli (España) había introducido el ferrocarril en su península europea.Historia: El Domingo, 31 de Enero de 1858, la terminal ferroviaria de Sagua y edificios aledaños se encontraban repletos de curiosos pobladores que no querían perderse la trascendental ceremonia de inauguración.

El padre Lirola procedió a la ceremonia de bendecir a la locomotora «Sagua La Grande» que sería la que realizaría el primer recorrido desde Sagua hasta Sitio Grande que era el punto hasta donde llegaba la línea hasta el momento. Después de bendecida la enorme máquina de vapor, se dio la autorización de arribar a la misma a los privilegiados pasajeros históricos, y una enorme avalancha de seres
humanos llenó en pocos segundos los tres vagones y varias plataformas de aquel memorable y fantástico tren que mucho imprecionó a una generación que solo había conocido al caballo como único medio de transporte.

El reflejo del asombro que produjo aquel monstruo metálico echando humos y silvando por el camino de hierro se vió reflejado en el escudo de la Villa donde se decidió incluirlo.

El dato más curioso que un sagüero pueda conocer: «En Sagua La Grande radicaban los talleres y oficinas nacionales del ferrocarril cubano y no en La Habana».

La Estación o Paradero del «Cuban Central Railroads» en Sagua La Grande era tan grande como las de las capitales provinciales.

Las distancias se habían reducido y ya no se necesitaban días de camino para viajar con la pesada carga desde un punto a otro de la jurisdicción sagüera. El tramo meridiano había quedado concluído, ahora vendrían otros esfuerzos por vencer el tramo parelelo de la jurisdicción que cubriera otros barrios como Quemado de Güines, Rancho Veloz y Corralillo; además del empalme con Santa Clara. La estatua del Conde Moré, como firme guardián de su grandiosa creación quedó en los jardines de la estación.

En muy pocos años los ramales del ferrocarril se extendieron como telarañas a todas las fincas de la jurisdicción y al naciente puerto de «La Boca» que mas tarde se le llamó «Isabela de Sagua». Por órdenes del Administrador del ferrocarril (anterior a Casariego) Don Rafael Mariscal del Hoyo, el «Paradero de La Boca» (como se llamó desde el principio) se le rebautizó como: «Paradero de Concha» desde el 1ro de Febrero de 1859, en honor al Gobernante español en Cuba.

Era muy importante para la economía de Sagua La Grande que las arterias de su ferrocarril penetraran en todos y cada uno de los muelles y almacenes de su puerto, por lo que ya desde el lejano siglo XIX este concepto comenzó a ejecutarse, y ya en 1959 no quedaba un solo punto de La Isabela por conquistar.

El progreso de Sagua la colocó entre las primeras ciudades industriales de Cuba cuando todos estos factores se mezclaron:

1- Posición estratégica al centro-norte de la Isla.
2- Ferrocarriles comunicados con toda Cuba.
3- Puerto y aduana con envidiable intercambio con Estados Unidos y Europa.
4- Región azucarera más productiva de Cuba.
5- Fundición más grande de America Latina.
6- Destilería más grande de América Latina...

entre muchos otros factores que harían interminable la lista.

Todo este éxito económico implicó su alto desarrollo social, cultural y espiritual, haciendo que estuviera actualizada en todos los avances de las capitales mundiales. Escuelas musicales, escuelas de filosofías, Escuela de Aviación, academias musicales, talleres de oficios, deportistas profesionales, pintores universales, sociedades, instituciones, iglesias de todas las denominaciones, politicos en puestos nacionales, un vicepresidente de Cuba, varios senadores, gobernadores, etc...

Pero sobretodo muchos intelectuales e investigadores que han sabido catalogar organizadamente toda la rica historia de esta interesante jurisdicción llena de acontecimientos, curiosidades y fascinantes leyendas que solo nacen en sitios trascendentales como el antiguo Territorio Sabaneque, un reducto del archipiélago cubano con mitología propia.

Este libro refleja solamente el aspecto folklórico de la jurisdicción, aquí se catalogan los mitos, leyendas y curiosidades más destacadas a través de su dorada historia. Disfruten, pues, de un tema poco tratado que de seguro los dejará fascinados, a usted y a sus nietos.

PRÓLOGO

El Grupo de Investigaciones Geográficas «Sabaneque» de Sagua La Grande, entre 1970 y 1985, efectuó por primera vez en la historia de la región, una serie de exploraciones espeleológicas, arqueológicas y zoológicas que nunca antes se habían efectuado; paralelo a estos trabajos investigativos de campo confeccionó un expediente (anexo) donde se recogieron muchas narraciones de campesinos y de personajes tradicionales de la ciudad, las cuales nunca se pensó que fueran útiles a la ciencia pero que sí, con el paso del tiempo, serían muy favorables a la tradición cultural y al exquisito folklore propio que caracteriza a está vieja jurisdicción cubana del centro norte de la Isla de Cuba.

Gracias a esta visión histórica que tuvo su director Pedro Suárez Tintín, no murieron con sus dueños estas maravillosas narraciones y relatos locales a los que se le han sumado otros, también cuidadosamente rescatados, de viejos libros y periódicos de la Villa del Undoso.

Aquí quedan salvados dos siglos de tradición sagüera.

Mapa de Cuba señalando la Jurisdicción de Sagua la Grande

CAPÍTULO I

LOS FANTASMAS DE LAS CAVERNAS

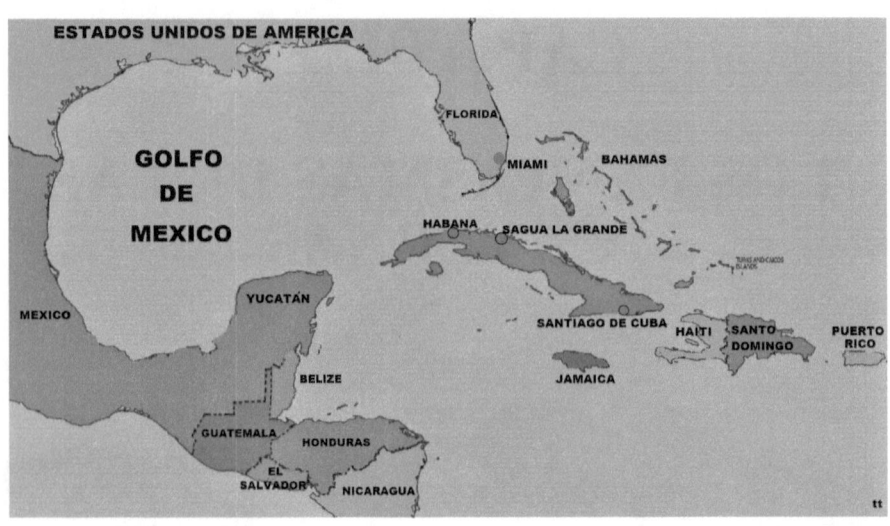

MITOS Y LEYENDAS DEL MOGOTE

Durante las primeras exploraciones con el grupo espeleológico Sabaneque en los años setentas (siglo XX) descubrimos una nueva galería de Cueva del Agua para la cartografía naciente en esta zona, la cual desembocaba al exterior de la loma por el lado superior izquierdo, hecho que aprovechamos para explorar esa área de la montaña que por su difícil acceso por el exterior no habíamos podido realizar.

Cada día que visitaba a los queridos mogotes aprovechaba la nueva ruta para llegar a la parte alta de la loma y exploraba un nivel distinto tratando de encontrar nuevas cuevas pero todo lo que encontraba eran pequeños túneles de jutías. Un día hallé un abandonado trillo que descendía montaña abajo; al parecer esta era una vía secreta para los tramperos de la zona.

Fue una mañana cansado de no encontrar nada nuevo que decidí arrastrarme por la apretada madriguera de jutía e iluminar su interior con mi linterna. Se trataba de un boquete muy estrecho por el que a nadie se le hubiera ocurrido penetrar pero nosotros acostumbrados a las sorpresas del alpinismo subterráneo nunca dejábamos rincón sin revisar. Comencé a deslizarme a lo largo del apretado túnel; la montaña presionaba mi pecho contra la roca; después de un pequeño tramo comprobé que la cavidad se ensanchaba y que para nada se trataba de una guarida de roedores; un gran salón apareció y de pronto me encontraba parado en mis dos piernas ante una gruta muy interesante, amplia y muy limpia lo cual me llevaba a pensar que acababa de descubrir el sitio ideal para mi campamento secreto en donde podia con confianza dejar mis equipos y provisiones sin temor a ser descubierto por intrusos.

El descubrimiento solo lo compartí con Guillermo Morales de nuestro grupo espeleológico «Sabaneque» y por mucho tiempo esta fue mi guarida solitaria donde nadie podia encontrarme.

Un año después de aquel hallazgo (1973) la radio anunciaba grandes tormentas en la zona de Sagua y le comuniqué a Guillermo que esta era la oportunidad de mi vida para comprobar el enorme potencial que pudiera ofrecer mi cueva como refugio o protección contra las adversidades del clima exterior. Mi amigo no quiso acompañarme a pasar la noche en la gruta pero me prometió que en cuanto terminara la tormenta se uniría a mí.

Llegué a los Mogotes con bastante lluvia a eso de las 9 de la mañana. Con dificultad atravesé el enorme pantano formado por la Cueva del Agua y por fín logré instalarme en el interior de mi guarida. Comprobé con alegría que ni una sola gota de agua se filtraba por el techo y que el embravecido viento apenas se sentía en el interior, me vino a la mente lo importante que serían estas cavernas para nuestros aborígenes en tiempos prehistóricos cuando no tenían mayor protección contra los horrorosos ciclones tropicales.

Por medio de los largos tallos desgajados y dos sacos de azúcar vacíos había improvisado mi cama (en forma de camilla); una gruesa colcha y una almohada de esponja constituían mi lecho de descanso. Un machete clavado a mi izquierda y una hoguera a mis pies eran el complemento. Un poco más hacia el norte de la cavidad existe una tronera en el techo que cumple la misión de un excelente mirador; casi encima de la montaña se domina todo el paisaje que rodea alos mogotes.

La noche transcurrió entre truenos y relámpagos, los últimos iluminaban la gruta dándole un ambiente fantasmagórico. Con el agradable sonido de los elementos quedé dormido profundamente.

Amaneció y los primeros rayos del sol entraban casi horizontalmente en mi refugio cuando un extraño ruido me despertó. En la boca del túnel de entrada se oía una voz que repetía con insistencia: «BUSCA...BUSCA...», y una silueta enorme se dibujada en la pared norte de la gruta. Sintiendo algo de temor tomé el machete y me senté muy despacio en la litera tratando de comprender qué sucedía. Al instante comprendí todo. En la entrada de la gruta de oía la voz de un humano instigando a su perro a que penetrara en «el túnel de jutía». El perro al parecer captaba que algo raro sucedía en el interior y que el olor que percibía no era de jutía, aun así su amo lo obligaba y empujaba por el trasero para que penetrase al interior. Temí que el perro me fuese a atacar y solo se me ocurrió gritar a todo pulmón dando a la vez con el machete en la roca del piso.

El remedio fue instantáneo. Con un agonizante chillido salieron disparados montaña abajo tanto perro como amo; desde el interior sentí el atropellante ruido de la huída. No tuve apenas tiempo de aclararle al asustado guajiro que se trataba de mí y cuando salí a la entrada de la cueva ya no se veían ni rastros de los espantados cazadores. Grité varias veces que era yo pero todo era silencio en las serranías del mogote...ahora temía que el pobre hombre regresara con una muchedumbre a cazar «la jutía gigante'...

Avanzando la mañana ya muy clara llegó Guillermo muy preocupado por la enorme tormenta que había atacado a los mogotes. Le expliqué que apenas me había enterado de lo sucedido en el exterior y todo el tema giró en torno al acontecimiento del guajiro y su perro jutiero. Nos reímos mucho imaginándonos la cara que debe haber puesto ese cristiano al sentir mi grito y ver salir disparado a su valiente perro como alma que lleva al diablo.

—Así se crean los mitos le decía a Guillermo —«Quien sabe cuantos adornos le agregará ese pobre hombre cuando haga el cuento de su aventura». «Pero es que, aunque no le agregue nada» — me contestaba Guillermo – «nadie podrá creer que a las 6 de la mañana pudiera haber nadie en el interior de una «cueva de jutías»… jajaja...

Y entre risas y tragos pasamos una mañana agradable en el interior de la caverna recordando otras leyendas y mitos que rodean a este interesante rincón de Sagua La Grande. La leyenda de la Madre Agua, la Negra Conga, la Cueva del Mono y otras que dan un toque encantador a este reino de hadas que tanto debemos proteger para el disfrute de las futuras generaciones.

«La Cueva de Pedro», como la llama Guillermo es un sitio transcendental para mí; aquí he vivido mi soledad encontrándome totalmente; de aquí salieron la gran cantidad de dibujos de insectos que he confeccionado para mi catálogo; aquí escribía mi Diario pacientemente; en esta gruta he soñado con los misterios de Sabaneque; desde aquí he planeado el futuro de Los Mogotes, el futuro de Sagua. Cuando vean a Guillermo pregúntenle lo que significa esta cueva para mí…

A continuación exploraremos las leyendas principales que dan vida espiritual a Los Mogotes de Jumagua, recopiladas desde 1970 cuando comenzamos las exploraciones, catálogo y cartografías con la ayuda de sus vecinos y viejos visitantes de un área que hasta el momento no había sido estudiada científicamente. En la literatura muy bien revisada por nuestro equipo descubrimos muy pocos datos que solo giraban en torno a los piratas como el de Antonio Miguel Alcover, El Folklore Sagüero y el libro de «Recorriendo a Sagua» donde su autor Pedro Marino Ruiz Rojas menciona lo siguiente en la página 28 (Cito): «…estos Mogotes les servían de faro natural en sus correrías por esta parte de la Costa cubana, cuevas que no han sido exploradas por hombres de ciencia…»(fin de la cita). Algunas visitas ocasionales hicieron hombres de ciencia como Don Carlos de la Torre y en los años sesentas algunos biólogos de la capital, pero Los Mogotes continuaban siendo un aislado potrero sin mucho interés para nadie. No se imaginaban los buenos sagüeros el extraordinario tesoro natural y espiritual que se estaban perdiendo a solo dos kilómetros de la Villa del Undoso donde tanto los Sinsontes como las Hadas se confunden en la neblina de sus mágicos bosques. Durante nuestro trabajo espeleológico descubrimos que paralelamente a su riqueza natural, esta región poseía un enorme tesoro espiritual reflejado en sus tradiciones, rituales y leyendas, por lo que decidimos que se hacía imperiosa la necesidad de rescatar estos Mitos locales en la propia voz de sus viejos pobladores antes de que tristemente desaparecieran para siempre pues «desde hacía once años no se veían sus fantasmas en tan bello Jardín de los Gemelos»…

«EL MAGÜI» o «LA MADRE AGUA»(La leyenda más popular del Mogote)

Desde la época de nuestros bisabuelos (quizás más atrás en el tiempo) existe la fascinante leyenda sobre un enorme reptil que habita en las profundidades de Cueva del Agua en El Mogote, la Madre Agua como le dicen los guajiros de la región ha sido vista por pocos aunque muy buscada por muchos. En el argot espeleológico la malcriamos con el nombre de «Magüi», con el mismo derecho que los escoceses miman a su «Nessi» del Lago Ness o los Tibetanos a su «Yetti» de los Himalayas. El Magüi de Jumagua es un ofidio que tiene «el grosor exacto de una palma» y según los cuentos que hemos colectado entre los nativos del área «este temible animal puede engullirse un ternero completo sin mucho esfuerzo». Su cabeza presenta dos pretuberancias en la región frontal y sus escamas están distribuidas inversamente a como se presentan en el resto de los «majaes», es decir «de atrás hacia delante». Esta extraña disposición de escamas a lo largo del cuerpo no permite que penetre proyectil alguno cuando es disparado en su huída, afirman los viejos cazadores que «si alguien lograra dispararle de frente sería muy fácil capturarle», pero lamentablemente para estos, todos los disparos a través de la historia se habían efectuado en su retiro al interior de Cueva del Agua que constituye la entrada a su reino subacuático.

La leyenda incluye además que «cualquiera puede ver sus huellas si visita la caverna» pues en la época de bajante el rastro de su enorme cuerpo queda grabado en el blando fango del piso y de forma zigzagueante se pierde en las tinieblas de su interior.

Todos estos cuentos en torno al «majá con tarros del Mogote» se lo hacía repetir decenas de veces a mi abuelo Ciriaco Rojo el cual fue un viejo cazador de majaes durante la primera mitad del siglo XX en las cuevas del Mogote para vender la manteca muy codiciada en las Boticas de Sagua. Yo me quedaba como anonadado mientras él, entre cuento y cuento, se tomaba su traguito de ron. No sé si el deseo de hacer sentir bien a sus nietos hace que los abuelitos exageren sus historias, pero aunque así fuese, de no ser por aquellas fantasías yo no hubiera conocido a esta interesante y misteriosa región con la que tanto tiene que ver mi vida toda. Encontrar el Monstruo del Mogote fue la primera inquietud de mi joven mente. Con el tiempo aquello se convirtió en obsesión, tal como Byrne busca a su Big Foot. Los Primeros viajes a Cueva del Agua se vieron obstaculizados por el creciente nivel del manto freático pero fueron muy útiles en la recopilación de fábulas locales entre las que abundaban relatos sobre El Magüi.

La impresión de mis primeros viajes por los Mogotes fue que los habitantes de la región estaban convencidos de que aquí vive un enorme majá que causa estragos entre su ganado. Como segundo punto, que según afirman, «yendo a la cueva cuando está seca, pueden verse sus huellas a lo largo de sus laberintos». De esto se podría por tanto deducir tres conclusiones:

1— La Historia del Monstruo Magüi puede ser parte del mito local tan necesario en las poblaciones alejadas de la civilización donde la monotonía de sus actividades diarias exigen un tema que endulce esa fatigosa rutina.
2— La historia puede tener un fundamento real a partir de alguna especie de boa continental que haya sido introducida por algún viajero (por ejemplo un marino mercante). Es conocido lo pequeña que son las anacondas y pitones en su estado juvenil y el gran tamaño que alcanzan en su estado adulto.
3— La última (y más remota) posibilidad es la de una especie nativa que haya sobrevivido desde la Era Secundaria (período Cretácico) y en la actualidad esté limitada a los territorios de Jumagua, Chinchila y Ciénagas del Norte o cuyos últimos ejemplares se hayan extinguido durante los finales del siglo XIX o en la primera mitad del siglo XX, períodos a los que pertenecen la mayoría de estos reportes.

Durante muchos viajes posteriores vimos muchas huellas que penetraban en la Cueva del Agua y casi creímos que teníamos en nuestras manos a el magüi. La primera vez que esto ocurrió, seguimos unas enormes huellas del grosor exacto de una palma que de una forma sinuosa desaparecía en las tinieblas interiores. Nuestro corazón latía con doble intensidad, ... «seguimos la huella muy cerca el uno del otro (dejé escrito en mis notas de campo) como para sentirnos más seguros. El rastro se hacía más marcado producto de la mayor humedad del fango lo que dificultaba nuestros pasos. Por fín llegamos a la pared final que se percibe desde la entrada y la huella torcía a la izquierda».

... «Continuamos y a pocos pasos ENCONTRAMOS POR FIN A LA MADRE AGUA».

Esto sin duda lo escribí con rabia irónica pues la supuesta Madre-Agua no era más que una palma que al parecer la había introducido poco a poco el mismo manto freático en su descenso. Pudimos comprobar por la gran cantidad de sedimentos que desde épocas remotas la Cueva del Agua ha estado arrastrando palmas, troncos y ramas a su interior e indudablemente, todos los años en los meses de diciembre y enero, que es cuando las aguas desaparecen, pueden verse las huellas de los arrastres hacia esta especie de caño o tragante que forma la caverna. Lejos de encontrarnos a el gigantesco magüi nos tropezamos varias veces con la Boa más pequeña del mundo, nuestro Majá de Santa María.

Aunque, «no se confíen mucho de este largo silencio», en cualquier momento despierta el colosal ofidio de su dilatado y rejuvenecedor letargo y pueden pasar el susto de sus vidas si se atreven a robarles las jicoteas y ranas del interior de su guarida. La Cueva del Agua es de su exclusiva propiedad y nadie debe penetrar en sus dominios.

Pero, Ojo; «El Magüi» ha sido visto también en las Ciénagas del Norte y !oigan bien!: «En el Charco La Palma del río Sagua La Grande, ¿Se comunicará esta cueva con el Undoso?...
Localización: Loma # 4 (W—E) o Loma de la Cueva del Agua.

Cueva del Agua completamente seca con restos de vegetación en arrastre hacia su interrior.

El GATO CAVERNÍCOLA

¿Se imaginan la ferocidad de un gato acorralado en la oscuridad de una caverna?
Los visitantes de las cuevas del Mogote durante la década final del siglo XIX afirmaban que existía una cueva en lo alto de la montaña donde «se hacía muy difícil penetrar» debido al acoso de un enfurecido gato jíbaro que habitaba en sus densas tinieblas.

El Viejo cazador de majaes Ciriaco Rojo, residente de la Villa Del Undoso entre 1898 –1974, contaba que él, en los años 20, habló con varios «cueveros» que habían sido atacados por este siniestro felino y que «todos coincidían en que se trataba de un enorme ejemplar de color negro el cual, de ninguna forma, dejaba entrar a los intrusos a su dominio subterráneo de Cueva de la Virgen, enorme templo de estalagmitas gigantes que hoy conocemos como Cueva del Murciélago.

En una ocasión durante la Guerra de independencia, un conocido trampero de jutías que residía en Chinchila fue herido gravemente en la cara cuando el fantasma negro le saltó desde una de sus estratégicas atalayas rocosas y con ferocidad arácnida lo hizo huir despavoridamente.

Aunque su horrorizante expresión ya había hecho correr a más de un profano con espanto, este sangriento ataque al cazador de jutías bastó para disparar la fama del «Monstruo de Cueva De la Virgen la cual automaticamente se cambió a «Cueva del Gato» donde inprovisadas partidas de caza se organizaron con el objetivo de capturarlo y exhibirlo triunfalmente por las calles de Sagua en los arreos del caballo, pero el escurridizo y peludo mamífero sabía guardar distancia de las muchedumbres y nunca fue visto por las expediciones.

El horror de adentrarse en dicha cueva de forma solitaria calaba hasta la médula de los tramperos y nunca más se penetró en «La Cueva Del Gato» sin la compañía de otros.

Hasta el día de hoy (cien años después) no se ha sabido más de la suerte de aquel engendro troglodita que tanto asustó a nuestros abuelos.

En 1970 realizamos la primera exploración científica de esta interesante cueva del Mogote y con su cartografía la bautizamos como «Cueva Del Murciélago» debido al incredible habitat de quirópteros que aquí existe, pero siempre sin ignorar los muchos nombres que nuestros antepasados dieron ocasionalmente debido a los abundantes acontecimientos que en este sitio ocurrieron a través de la historia.

La Cueva Del Murciélago, Del Gato o De La Virgen constituye la caverna más hermosa que pueden mostrar los sagüeros con orgullo. La apretada población de murciélagos que hoy habita esta caverna debe vivir muy feliz de que ya no exista aquel juguetón felino que en una ocasión ocupó el mismo territorio de sus desafortunados abuelos. Pensamos que la vida de cualquier predator es posible en estos reinos subterráneos donde los murciélagos vuelan a ras de piso.

Un ejemplo claro es la adaptación del Majá de Santa María a una de las galerías profundamente oscuras de esta cueva donde su única y absoluta dieta lo constituyen los quirópteros. El Gato de la Virgen pudo ser posible y tal acontecimiento no necesariamente habita en el mundo de las leyendas...

Localización: Loma # 3 (W—E) o Loma del Abono.

LA BRUJA DEL CALDERO

Desde los orígenes de Sagua La Grande en 1796 ya se le temía a la Cueva de la Virgen en las alturas de uno de sus empinados Mogotes de Jumagua cuya generación le llamaba «Cueva del Caldero». Aquí muchos atrevidos sagüeros se han llevado el susto de sus vidas al encontrarse cara a cara con una espantosa negra conga de unas 300 libras de peso repleta de collares y amuletos que sentada sobre una roca muy cerca de la Virgen abraca con sus piernas un enorme caldero de contenido dudoso.

Cuenta la tradición que este horrible espectro de bruja vigila desde hace varios siglos un gran tesoro escondido en dicha cueva por negros esclavos que convertidos en cimarrones trajeron aquí muchas bolsas de oro, plata y joyas que arrebataron a su antiguo amo después de asesinarlo y escapar al monte. La hechicera africana siempre está concentrada en los brebajes de su enigmático caldero pero al penetrar algún profano a sus dominios inmediatamente lo detecta y levantando su enfurecido rostro lo intercepta con unos brillantísimos ojos que aterrorizan al visitante que huye despavorido.

En cierta ocasión un nativo de Jumagua contó aterrorizado a su familia lo que había visto en dicha cueva y acto seguido cayó fulminado por el espanto de la vision, sus ojos muy abiertos no se podían cerrar y la noticia selló definitivamente el contacto de los campesinos con la diabólica caverna que por muchas décadas fue ignorada. Pero a mediados del siglo XIX un trampero de nueva generación, incrédulo de los tradicionales «Cuentos de Viejas» penetró en el gran salón y comprobó que los excrementos de jutías eran abundantes por lo que allí haría su zafra con estos sabrosos edentados por lo que colocó sus trampas comprobando que al día siguiente  su caza había sido fructífera y jactancioso declaró que» tantos años de superstición habían sido provechosos para él ya que la cueva, al no ser visitada, se había llenado de Jutías.

En cierta noche de reunión familiar unos amigos del afortunado cazador le propusieron una apuesta tentadora si entraba a la famosa Cueva del Caldero dadas las 12 de la noche en punto y se mantenía allí por media hora, y este, ante la nueva y tan fácil ganancia aceptó en el acto. Cuenta la tradición que en esta ocasión la suerte no acompañó al osado trampero y que 60 minutos después sus amigos, preocupados por su tardanza, encontraron su cadáver extremadamente pálido a la entrada de la hechizada caverna. A partir de entonces no solo el sitio sino «las 12:00 P. M.» constituyen el tabú principal de la legendaria Cueva del Caldero.

Más de 100 años después nuestro equipo espeleológico la cartografió incorporándola a la geografía nacional como «Cueva del Murciélago» y confeccionando el catálogo de su fauna interior, pero no bastando todo esto, se me ocurrió que una investigación nos faltaba y la fría noche del 8 de enero de 1975 me monté en mi bicicleta y solo comunicandoselo a mi amigo Guillermo Morales López, partí con una colcha, linterna y cantimplora de agua rumbo a las lomas del Mogote con el objetivo de «mirar a los ojos de la negra conga». Serían las 11:00 pm cuando penetré en la cueva que tantas veces había estudiado materialmente pero a la que jamás había observado con ojos metafísicos y me instalé como pude entre las congeladas rocas mirando de frente el altar de la virgen donde según la tradición aparecía el espantoso espectro de la hechicera. Por fín llegó las 12 de la noche y mi corazón aumentó su ritmo, por primera vez sentí algo de temor, ya era tarde para retirarme, estaba en la hora crítica y medio petrificado no sé por qué razón pues tenía a mi favor el no creer en esos inframundos sobrenaturales. Pasaron los minutos y con ellos la hora del climax, pero la negra no aparecía; yo me repetía constantemente «aquí no hay nada, esto no es real», y otras oraciones que me infundían valor, pasando así más de una hora sin que nada ocurriera, hasta que por fín quedé profundamente dormido con extraños sueños que de nada vale aquí contar...

Esa fue mi noche en la Cueva del Caldero. Para los creyentes del espiritismo y otras doctrinas espirituales les digo que con esto yo no demuestro ni niego nada, solo cumplí con mi impulso investigativo y quizás, apoyando sus postulados,

«No ví porque no creí» ya que al igual que «Ver Para Creer» podemos afirmar : «Creer Para Ver».

Me ha dicho un amigo que a lo mejor allí estaba la negra gritando ante mi rostro y yo no conectaba su frecuencia, una forma muy humorística de explicar el fenómeno.

«¿Y si encontraron el tesoro?, ya no tendría objetivo su presencia allí»—me dice otro.

Pero de todos los análisis el más interesante lo ha expuesto otro amigo: «¿Y porqué no lo haces de nuevo, a lo mejor la próxima no te va muy bien?... —«Bueno... ya yo cumplí... ahora le toca a otro...». Localización: Loma # 3 (W—E) o Loma del Abono (Ladera Sur).

EL MANANTIAL DE LA LECHUZA

Al pie de la primera loma de los Mogotes de Jumagua (de Oeste a Este), existe un manatial de agua potable y refrescante, que proveniente del enorme «telmo calizo» del subsuelo, escapa al enorme calor que en esta región se percibe durante todo el año, y esto provoca por tanto que sea un sitio muy visitado por campesinos y exploradores del área que se detienen allí para calmar su sed y la de sus animales.

El agua hace su afloración en una gruta y cuéntase que desde lejanos tiempos los visitantes de esta gruta del manantial eran sorprendidos por una gigantesca «lechuza con orejas» (¿Siguapa o Buho?) que aleteaba desesperadamente para escapar de las personas que allí se acercaban.

Los testigos la describían como de un metro de altura, pero otros, quizás más exagerados, afirmaban que era del tamaño de una persona normal.

Esta leyenda la recogimos personalmente durante nuestras exploraciones espeleológicas, en boca de campesinos de la zona, pero con sultado nuestro amigo Juan Morales, en la ciudad de Sagua, nos agregó que con él trabajó un tal Céspedes, en los años de juventud vividos en Chinchila, el cual le contó que en su casa se conservó por mucho tiempo una pluma de esta lechuza o siguapa gigante la cual media poco más de medio metro y que había sido recogida por su abuelo cuando trataron de capturarla; siendo él un muchacho, vino un doctor de La Habana y se la llevó para estudiarla. Teniendo en cuenta este acontecimiento legendario y el hecho coincidente de que cuando comenzamos las cartografías espeleológicas en 1972, encontramos una pequeña lechuza allí, decidimos nombrarla en los planos como: «Gruta de la Lechuza» o «Manantial de la Lechuza»

en vista a que perdure tan bella leyenda que da su toque mágico a esta otra cueva del Mogote.

Localización: Loma # 1 (W—E) o Loma de la Baliza (Ladera Sur).

LA VIRGEN DE LA CUEVA

Se pierde en la oscuridad de los tiempos la primera mención de la Virgen en la cueva de su nombre en los Mogotes de Jumagua. Pero no es un fenómeno único de Sagua La Grande pues en el resto de la Isla abundan las «Cuevas de la Virgen» en cantidades industriales ya que al parecer el capricho de nuestra Madre Natura dibuja muchas veces el cuerpo de una mujer en las estalagmitas o formaciones secundarias de nuestras cavernas que nuestros antepasados lo asociaban con la escultura de una mujer.

En 1973 efectuamos la primera cartografía que se le realizaba a esta cueva y la bautizamos (por derecho cartográfico) con el nombre de «Cueva del Murciélago» debido a la enorme colonia que han establecido estos Quirópteros en su interior, pero anexando el nombre «De La Virgen» a nuestra propuesta ya que este no se puede obviar debido a que esta caverna ha tenido muchos nombres generacionales sin que en ninguna época se le omitiera el anexo De La Virgen.

Algo místico rodea, porsupuesto, a ese nombre para que se le suprima así de fácil y aún más, «La Virgen»se ha asociado con cada uno de los nombres ocasionales que ha tenido la caverna como es su primer ejemplo «Cueva del Caldero» que a pesar de subsistir por varias décadas durante el surgimiento de Sagua como pueblo, la virgen siempre amparó a los visitantes de los «hechizos del caldero» (ver: CUEVA DEL CALDERO) y convirtiéndose en amuleto o protección a los intrusos que en ella se adentraban.

La tradición estableció que: «Todo aquel que penetre en dicha cueva debe pasar por el lado izquierdo de la virgen para así tener buena suerte en su estancia subterránea».

Aún en la actualidad todo explorador que la visita cumple respetuosamente el ritual establecido por más de dos siglos de tradición. Por un lado se respeta a la Virgen y por otro La Virgen nos da buena suerte.

Durante la época media del siglo XIX la cueva cambió ocasionalmente su nombre a «Cueva del Muerto» pero aún así la virgen seguía cumpliendo su papel protector para evitar otros posibles muertos y durante la Guerra de Independencia se le conoció como : «Cueva del Gato» debido a un agresivo felino que allí vivió pero tampoco en esta ocasión la patrona de la caverna desapareció para los adoradores del gato.

Por eso aunque su nombre geográfico oficial actual sea: «Cueva Del Murciélago», la Virgen continúa vigilante de que sus dominios subterráneos sean bienvenidos al curioso visitante del siglo XXI.

La estalagmita con figura humana que representa a la virgen se encuentra en la parte superior del gran salón central a partir del cual se ramifican otras cuevas.

En 1970 la virgen estaba cubierta de piedras hasta más de la mitad de su altura total y solo aparentaba tener dos pies de alto por lo que me dí a la tarea, (toda una mañana) de limpiarla de las enormes piedras que la cubrían y al final pude descubrir la gran estructura que hoy conocemos. No puedo imaginar quien, cuando y por qué la cubrió totalmente de rocas, pero quizás varias generaciones del siglo XX no la pudieron admirar en su máximo explendor.

El Salón de la Virgen, dentro de Cueva del Murciélago, constituye la caverna más hermosa que poseen nuestros Mogotes de Jumagua la cual debemos proteger para el disfrute de nuestras futuras generaciones. Por millones de años, desde el Cretácio Superior, se venían esculpiendo estas maravillosas estatuas naturales. No permitamos que desaparesca este paraíso sagüero...

Localización: Ubicada en la Loma # 3 (W—E) o Loma del Abono.

LA CAMPANA DE LA SUERTE

Los Mogotes de Jumagua, rosaleda de bellezas y de cautivantes enigmas, nos brinda su toque místico en la interesante tradición de «tocar la campana para un buen viaje por la cueva»; este inevitable ritual se remonta a los orígenes de Sagua cuando los ataques de fuerzas oscuras requerían de talismanes y conjuros para la protección del osado viajero.

Los pocos aventureros que se adentraban en la Cueva del Murciélago nunca dejaban de sonar la campana incrustada en el alto techo de la caverna usando como medio una piedra suelta y buena puntería.

Cuando alguno del grupo de profanos lograba golpearla con su disparo, entonces ya no era necesario que el resto de la comitiva lo intentara de nuevo, la suerte estaba echada, su profunda vibración avanzaba como tornado por todos los rincones del oscuro mundo interior barriendo consigo cualquier vestigio de energías malignas, espectros, gnomos o espíritus burlones de los que está plagado la caverna en espera de alguna entretenida víctima.

En la actualidad los jóvenes jumaguólogos han continuado la tradición aunque con piedras más pequeñas porque no se pretende perder a la campana sino salvarla para el futuro sin que tampoco se pierda esta encantadora fábula de buena suerte que ya ha acompañado a muchas generaciones de sagüeros.

La llamada campana en sí no es más que una alargada estalactita que pende del techo calcáreo justo en la misma entrada del gran salón o vestíbulo central desde donde parten 5 ramificaciones o cuevas anexas hacia el mundo subterráneo; ellas son: 1–Cueva del Baúl, 2–Cueva de la Botella, 3–Cueva del Calor, 4–Cueva del Volcán y 5–Cueva del Campamento, donde las cuatro primeras, en alguno de sus tentáculos, se comunican entre sí. La del Campamento es la única aislada al oeste del gran salón, limpia de guano de murciélago y por tanto muy apta para acampar.

Esta estalactita (quizás con zonas huecas en su interior) emite un peculiar sonido prolongado al ser golpeada en el sitio apropiado,

además de que una hondonada y cavidad en su base multiplican la vibración. Al principio de nuestras exploraciones (1970) logramos en dos ocasiones el verdadero sonido que de ella todos esperan; ¡ Es algo mágico que no todos han oído en realidad ¡, tiene su secreto esa piedra, tiene su llave oculta, el golpe hay que darlo en un punto clave pues de lo contrario no oirémos la melodía acústica—vibratoria que dura mucho tiempo, más de lo lógico; pocos exploradores conocen ese secreto.
Con el tiempo y nuestra toma de responsabilidad de una consciencia protectora, decidimos que nunca más abusaríamos de la milenaria campana con lluvias de pedradas de una libra cada una. A partir de ese momento permitimos una sola y pequeña piedrecilla de unos gramos por cada expedición aunque esta durara varios días y hasta el día de hoy la tradición se ha mantenido. Y los fantasmas tampoco molestan al moderno visitante pues al parecer ellos le temen más al ritual y la tradición que a la misma vibración». La cueva donde esta se encuentra fue llamada ocasionalmente como Cueva de la Campana, aunque su nombre oficial sea Cueva del Murciélago, aún hoy algunos prefieren usar este nombre para identificarla.

Junto con La Campana, La Virgen es parte fundamental de estos umbrosos dominios en las entrañas de la loma. Veamos en el próximo capítulo a este segundo guardian de la montaña.

Localización: Loma # 3 (W—E) o Loma del Abono.

LA CUEVA DEL MONO

Allá por el año 1880 se corrió la voz en Las Jumaguas de que había un hombre completamente peludo viviendo en una de las cuevas del Mogote. Algunos guajiros que recorrían el trillo sur de la cordillera lo veían cada mañana asomando su enorme cuerpo por una gruta al Este de la Cueva del Agua y salían espantados en sus caballos «como almas que lleva el Diablo».

Esta caverna, en lo alto de la loma, es la única que puede divisarse en la distancia debido a la blancura de sus rocas a diferencia de las demás siempre ocultas por la tupida vegetación lo cual hacía que muchos testigos más alejados del área también pudieran verlo en ocasiones, siendo esta cantidad de reportes la prueba definitiva de su existencia real quedando solo la discusión de si se trataba de un simio o aquello era en realidad un ser humano.

Algunos testigos le habían visto golpeando su pecho como los gorilas africanos y hasta caminar en sus cuatro patas, lo cual lo alejaba un poco de la humanidad, pero otros insistían en que se trataba de un perfecto hombre peludo como traído de la edad de piedra.

Sin duda alguna la riqueza imaginativa de nuestros campos del siglo XIX daban el toque mitológico tan necesario en esta alejada geografía sin teatros ni bibliotecas donde los prodigios, apariciones y curiosidades contituían, no sin temor, su mayor atracción.

Eran los tiempos que en Sagua se inauguraba el ferrocarril a Jumagua y algunos obreros de la vía férrea llevaron la extraña noticia a la ciudad, siendo inmediatamente publicada por algunos periódicos locales, convirtiendo «El Cuadrumano del Mogote» en la sensación de aquellos tiempos. Esta, entre otras interesantes anécdotas, fueron rescatadas del olvido por nuestro equipo de exploraciones que durante la década de 1970 visitó el hogar de viejos vecinos del área de los Mogotes de Jumagua para así registrar cuidadosamente el rico folklore de tan fascinante región del centro de Cuba, naciendo así la Jumaguología y convirtiéndonos nosotros en los primeros Jumaguólogos.

Aún hoy los jóvenes Jumaguólogos buscan el esqueleto del «Mono» que por allí habitó en su tiempo, pero, ¿Existirá en materia o solo se trató de un habitante de la portentosa imaginacón?.

En este caso, «buscarlo es más importante que hallarlo»...

Localización: Loma # 5 (W—E) o Loma del Mono.

EL JINETE SIN CABEZA

Las Ciénagas del Norte, un típico panorama de los cuentos de hadas.
Colectas de Hidra Verde
Foto Tintín 1973

En la llanura de Jumagua, al oeste de la Villa del Undoso, se levanta el Jardín de los Gemelos, unos hermosos mogotes muy parecidos entre sí que en sus verticales laderas del lado norte poseen un solitario camino que serpentea separándolos de la enigmática laguna que entre helechos, ninfeas y enredaderas, exhibe el típico panorama de un cuento de hadas. En las mañanas de Jumagua una densa neblina abraza al cerrado bosque limitando la visión a unos pocos metros por delante de nuestra nariz. El silencio de sus aves es absoluto. ¿Aún nadie ha despertado en las verdes ciénagas o acaso alguna extraña energía los sosega?.

Desde épocas lejanas algunos campesinos que se adentraban en este sendero del pantano regresaban horrorizados a sus hogares contándole a sus alarmados familiares que entre la confusa niebla se paseaba un jinete sin cabeza.

Uno de los testigos de este insólito acontecimiento que ha vivido hasta nuestros tiempos, Don Juan Morales vivía a principios de siglo en Chinchila (muy cerca de las lomas) y nos contó lo siguiente:

«Aquello fue como en 1937; yo había ido con mi carretón y dos amigos para derribar una palma y sacarle sus tablas y llegamos al borde del pantano como a las seis y media de la mañana, aún no había amanecido y nos sentatamos un rato a tomar café y converzar un poco en la espera de que aclarara un poco pero sin que nos cogiera el sol de media mañana.

»A eso de las siete ya penetraba alguna luz entre los árboles pero la neblina era muy cerrada, entramos un poco el carretón por el camino hasta que ya era muy estrecho y no nos permitía continuar por lo que amarramos la bestia a una mata de tamarindo y continuamos a pié.

»De pronto sentimos los cascos de un caballo que venía avanzando hacia nosotros y decidimos echarnos a un lado para que este pasara sin golpearnos.

»Se iba acercando poco a poco y de vez en cuando sentíamos sus resoplidos; no veíamos nada por la neblina pero cuando ya estaba a unos cuantos pasos de nosotros, pasó por delante de nuestros ojos un enorme caballo negro con manchas blancas y sobre él un hombre muy bien vestido y grandes botas con muchas hebillas pero lo espantoso de todo aquello era que aquel tipo solo tenía un corto cuello y NO TENÍA CABEZA…

»Nosotros estábamos tiesos de miedo y no sabíamos que hacer, pero el jinete sin notar nuestra presencia, continuó su camino con su pecho empinado y sus manos en las riendas.

»Aquello es lo más extraño que yo he visto en mi vida. Nos asustamos tanto que decidimos irnos a casa y buscar otro palmar donde cortar nuestras tablas».

Hasta aquí la historia del señor Juan, pero el suceso lo repiten en Sagua y Jumagua otros protagonistas que han coincidido con el fantasma en el estrecho trillo de las ciénagas.

En cierta oportunidad un campesino se encontraba metido en las frías aguas del pantano buscando algún ganado extraviado y su pequeño hijo de 8 años lo esperaba en la orilla comiendo algunas ciruelas silvestres. Entretenido el padre en acorralar a sus vacas, sintió de pronto los agudos gritos de su hijo y sin pérdida de tiempo comenzó su difícil lucha por avanzar sobre el fangoso fondo que atrapaba sus piernas hasta las mismas rodillas.

Mientras lo hacía le gritaba a su hijo que le explicara lo que sucedía, pero el chico solo hacía gritar y gritar ahogado en llanto y no respondía a las súplicas del padre...

Al llegar al borde de la ciénaga por fín el pobre hombre pudo ver a su asustado hijo que gemía apretujado contra el tronco de un árbol y al registrar su cuerpo comprobó que este no estaba herido, pero aún así continuaba chillando sin emitir una sola palabra.

Tardó el padre un largo tiempo en consolarlo hasta que por fín, con cierto hipo que produce el terror, le explicó que había pasado por allí UN HOMBRE A CABALLO.

Desconsolado por una respuesta tan poco aclaratoria el padre le impugnó agitándole por los hombros: —¿Y por qué te vas a asustar por un simple guajiro a caballo? —a lo que este contestó: —!Porque no tenía cabeza !...

El jinete sin cabeza de las ciénagas del Mogote ha mantenido alejados del sitio a muchos intrusos por largos años, de ahí que este sea uno de los pocos bosques del norte de Las Villas que siempre ha mantenido el mismo panorama a los ojos de muchas generaciones.

A primera vista nos parece estar viviendo una escena de la Era Secundaria que solo necesitaría de grandes reptiles para convertirlo en un Parque Cretácico.

Se conserva el mismo largo y tortuoso sendero de la leyenda, las ciruelas silvestres del chico, la neblina del siniestro pantano, sus helechos, lianas y nínfeas, sus infinitos palmares y quien sabe si aún realiza su eterno recorrido la aterradora aparición del caballero decapitado que a tantos ingénuos visitantes expulsó de la faz de sus dominios.

¿Te atreverías tú solo a recorrer el camino del pantano?

Localización: Camino entre la Ladera Norte de la cordillera de mogotes y las Ciénagas. Atrévete...

PIRATAS EN EL MOGOTE

«Cuenta la vieja leyenda que en una ocasión un grupo de piratas arribaron a las lomas del Mogote después de descargar un bergantín repleto de oro para enterrarlo en sus amplias cuevas.

Cuando todo el botín había sido sepultado regresaron por el monte hacia su embarcación pero de pronto se dieron cuenta que faltaba el Segundo de a bordo y comenzaron su búsqueda pensando que este se había extraviado.

El Capitán, hombre muy listo acostumbrado a las traiciones, comprendió al instante que su Segundo se había ausentado con el objetivo de apoderarse del tesoro oculto por lo que dio la orden a diez de sus hombres bien armados para que lo buscaran por todos los rincones de Jumagua y lo ajusticiaran en cuanto lo encontraran, pero de pronto se vieron rodeados por una banda de bandoleros que comenzaron a disparar y les dieron un fuerte combate haciendo que los pocos piratas que se salvaron salieran en desbandadas no sin antes darse cuenta que el Segundo desaparecido era el jefe de los bandoleros el cual se había escondido para más tarde apoderarse del gran tesoro que consistía en onzas, medias onzas y doblones, otros opinan que se extravió, encontrándose con los bandoleros a los cuales para salvar su vida les pidió que lo acompañaran y se repartirían el oro entre todos, pero lo que resultó fue que el Segundo continuó largo tiempo con la pandilla y con mucha astucia logró apoderarse de la fortuna y comprar un bergantín para continuar en la piratería.

Aunque este relato en particular no fuera más que pura fantasía popular, muchos acontecimientos idénticos pudieron haber ocurrido en la época de la piratería teniendo en cuenta que la zona de Sagua La Grande constituyó el punto más estratégico de la costa norte por donde debían pasar obligatoriamente las flotas de tesoros del Nuevo Mundo con rumbo a España. Su abundante cayería se convertía en una auténtica trampa para los galeones españoles y luego el caudaloso río les servía a los filibusteros para internarse en tierra y buscar más facilmente las cuevas del Mogote «donde sepultar los tesoros y enterrar los cadáveres de sus pobres víctimas.

Se sabe por tradición oral que existía un camino carretero desde el río (en la zona del actual Barrio de Cocosolo) y las lomas del Mogote en los primeros tiempos de la conquista y desde allí «partían los productos hacia Villaclara», por esos tiempos a Sagua se le conocía por el nombre de «El Embarcadero» pues se le consideraba una especie de puerto interior y es muy conocido por la historia los cuarteles generales que tenían algunos temibles piratas del caribe en la cayería de Sabana-Camagüey como el del Olonés (Juan David Nau) en Cayo Francés y el cayo de la Yana, cerca de La Panchita que fue residencia del temible Henry Morgan.

Otro relato que ha quedado flotando en la tradición popular de los sagüeros es el de otro gran entierro que se hizo en el Mogote donde los piratas hicieron un gigantesco corte en la blanca y brillante roca caliza de la ladera norte con el fin de poderla ver con sus catalejos desde la costa. Este corte vertical ha sido buscado por muchas generaciones de sagüeros existiendo varias opiniones encontradas en cuanto al sitio de este corte ya que todas las laderas Nortes de los Mogotes de Jumagua son muy verticales a diferencia de sus laderas Sur que poseen pendientes más suaves.

El capítulo 2 lo vamos a dedicar completamente a la rica tradición pirática que posee la antigua y extensa jurisdicción de Sagua La Grande que en un principio se le conocía como la provincia indígena «Sabaneque».

EL BAÚL PIRATA

Una agradable mañana del mes de dicienbre de 1970 habíamos preparado una soga con nudos y un garfio en la punta la cual nos serviría para descender al precipicio ubicado a la derecha del Gran salón o antesala de la Cueva del Murciélago.

Nuestra joven mente iba a realizar una aventura, no una seria exploración científica. Influenciados por libros de Julio Verne y Salgari explorábamos al estilo europeo; botas altas, bermudas, casco de corcho, cuchillo en la cintura, sogas de nudos con garfios, entre otros equipos. En ocasiones nos acompañaba el perrito «Apanachi» de nuestro colega Fidel Vila (Machy).

Cuando podíamos conseguir vino Viña 95 llenábamos una cantimplora pues: «todo explorador debe entrar en calor con buen vino...»

Aquella mañana tomamos en Sagua la guagüita hasta el crucero de Jumagua y cargando con nuestro equipaje continuamos a pie por toda la línea férrea hasta el límite de Jumagua y Chinchila donde cortamos hasta hallar la Cueva del Murciélago (aún no bautizada cartográficamente)».

Tan pronto como cumplimos con los ritos tradicionales de «buen viaje por el interior de las cuevas» (Ver: «LA CAMPANA» y «LA VIRGEN»), amarramos nuestra soga en una cavidad y la lanzamos hacia la profundidad del precipicio y comenzamos a descender. Nuestro principal medio de iluminación eran antorchas y mechones de saco empapados en petróleo.

El humo que estas desprendían nos hacía muy incómoda la exploración. Este «precipicio» o depresión (furnia) forma parte de la Cueva del Abono la constituiría una cueva independiente de no ser por algunas comunicaciones que tiene con Cueva del Murciélago.

De esta se extrajo gran cantidad de abono orgánico durante la primera mitad de este siglo (XX). El abono no es más que el excremento del murciélago el cual se utiliza como fertilizante en terrenos de cultivo; se le llama comunmente «Guano de Murciélago» o «Murcielaguina».

En cuevas como esta, donde existen gran cantidad de quirópteros, se acumulan grandes colchones de este abono en relativamente poco tiempo. Durante nuestro reconocimiento encontramos muchas herramientas abandonadas que se utilizaron en dicha actividad incluyendo los largos cables de acero por donde rodaban montaña abajo las cubetas de carga, facilitándonos estos teleféricos el ascenso y descenso a los rincones más incómodos de la caverna».

En una de las oquedades, casi justo al borde del llamado precipicio, encontramos un extraño baúl aplastado cuya madera, muy deteriorada por el tiempo, se nos hacía polvo entre las manos, con todo su material metálico (cerradura, esquineros y adornos) en avanzado grado de oxidación. Sus restos estaban por debajo del piso original de la cueva a diferencia de los demás instrumentos Que estaban sobre (o dentro) del guano.

Recogimos todas las partes metálicas para poderlas comparar posteriormente, pero el estilo de estas piezas era completamente diferente a los baúles, por lo que comenzamos a acariciar la posibilidad de un «Baúl Pirata».

Muchas personas nos decían que «estaba muy en la superficie para ser tan antiguo» y esta razón nos hizo ser más conservadores dedicándonos a consultar ancianos, campesinos y especialistas con los cuales nunca llegamos a una conclusión definitiva».

El descubrimiento de este raro baúl en 1970 revolucionó a toda Sagua y hasta el día de hoy la tradición popular lo ha incorporado a su folklore de la forma siguiente: «A principios del siglo XX unos obreros que extraían guano de una de las cuevas del Mogote tropezaron sus palas con un viejo baúl en el fondo de un precipicio y emocionados ante el descubrimiento destruyeron su enorme candado metálico comprobando con incredulidad que habían acabado de encontrar un enorme tesoro pirata y que sus vidas de guaneros había terminado. Toda la empresa quedó abandonada y el extraño cofre vacío apareció muchos años después aplastado por la inclemencia del ambiente subterráneo».

Es curioso destacar que cerca de este hallazgo encontramos una antigua botella la cual nadie pudo identificar. Cuando ingresé en la Universidad de La Habana en 1975 traté de compararla con otras de catálogos coloniales y consulté a especialistas, pero nunca he identificado a tan rara pieza.

Para las futuras generaciones debo decir que por aquellos tiempos del descubrimiento decidí sepultarla en la sala de mi casa cuando construíamos dos muros para el apoyo del «mediopunto», así que «la botella pirata» ha continuado su viaje hacia el futuro con una nota mía en su interior.

Por otro lado las partes metálicas del baúl aún se conserva en mi colección con vistas a desentrañar su misterio algún día en el futuro inmediato. Pero hemos de entender que sean lo que sean estos dos objetos, para la tradición continuarán perteneciendo al mundo encantado de las leyendas…

El maravilloso Salón de las Estalagmitas en la
Cueva del Murciélago, Mogotes de Jumagua, Sagua La Grande.

Otra vista del Salón de las Estalagmitas en la Cueva del Murciélago.

LOS TESOROS DE SABANEQUE

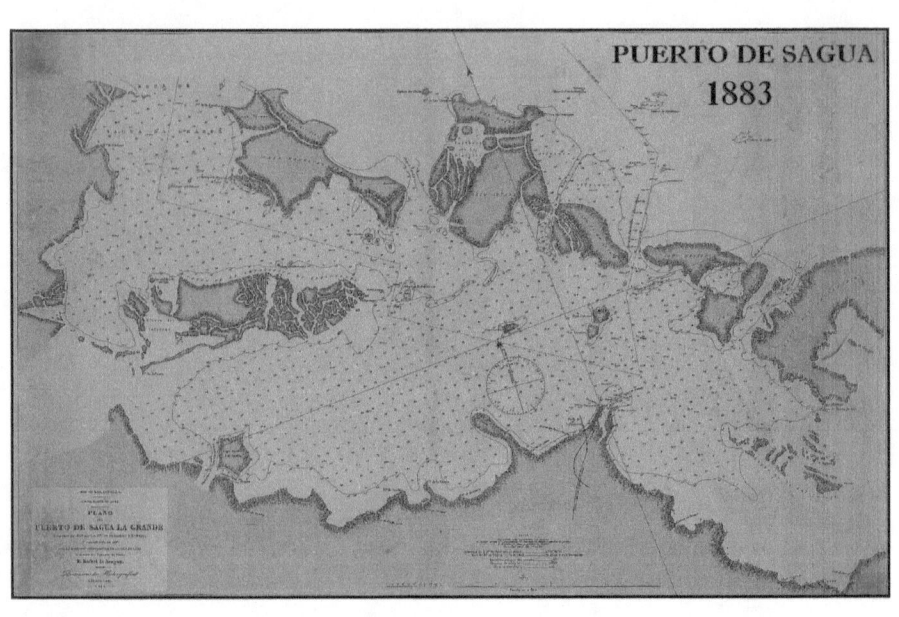

No existe región de Cuba más rica en leyendas de tesoros piratas que el norte de Las Villas con centro en Sagua La Grande donde se dice que muchos de los viejos bucaneros se retiraron para pasar su vejez y gastar sus fortunas acumuladas de pasadas aventuras marinas. La enorme cantidad de leyendas regadas por las calles de Sagua quizás prueben esta afirmación y hagan de la Villa del Undoso una localidad cubana con mitología propia.

Cuando se hable de Los Piratas del Caribe debe conocerse que su centro oculto lo fue el más grande río de la costa norte de Cuba con su estratégica cayería de Sabana y Sabaneque, la cual alberga la asombrosa cifra de **2,517** cayos en la ruta a Europa; los historiadores fueron engañados por los propios filibusteros al señalar otros centros de movimiento y vida de estos salteadores de los mares antillanos a los que no les convenía mucha propaganda a este tesoro geográfico justo al borde de la ruta del oro a España. Todos los tesoros de América pasaron por los cayos de Las Villas y muchos aquí quedaron, pero esto nunca se supo porque «les faltó a los investigadores tomarse unas vacaciones por LA VILLA DEL UNDOSO.

Por aquí pasaron, el inglés Francis Drake(«El Azote de Dios») (1540-1596); el holandés Cornelio Jol («Pata de Palo»); el Francés Juan Davis Nau («El Olonés»); el temible inglés Sir Henry Morgan (1635-1688); el cubano Diego Grillo (pirata negro) (1558-1640); el corsario francés Jean Laffite(que en 1821 se retiró en Cayo Cristo);el holandés Laurent Graff («Lorencillo») y sucoterráneo Rock Brasiliano, entre otros.

¿De donde sacaron sus historias Don Pepe Beltrán, Rafael Rasco e innumerables escritores del tema pirata. El historiador Don Antonio Miguel Alcover nunca quiso reconocer el origen pirata de Sagua La Grande, pero lo cierto es que la niebla de la leyenda ha quedado flotando en la Villa del Undoso y muchos autores se inspiran en ese «algo» que aquí sucedió; piratas, corsarios, galeones y tesoros son a veces sinónimos de esta interesante región para los autores e investigadores, aunque nunca lo puedan explicar. En la obra del padre de los comics en Norteamérica Will Eisner aparece «Aguila Azul» (Hawks of the Sea), historieta gráfica dominical publicada en «Jumbo Cómics» entre los años 1936 y 1938, en la que se narraba la historia de un pirata que corría de aventura en aventura a través del Mar Caribe con sus fieles amigos «Fluth» y «Sagua» a mediados del siglo XVIII, siempre rescatando esclavos y luchando contra las injusticias. No sabemos de donde sacó Eisner a este personaje «Sagua», pero una vez más nos resulta sospechoso. Beltrán, un fiel amigo de Casariego, afirma que «Diego Grillo» vivió su vejez en la zona; Rasco nos narra los últimos días de Jean Laffite en Cayo Cristo, Basail Serpa nos narró hace ya cien años el origen pirata de Cocosolo y así muchas fascinantes narraciones que insisten en recordar un curioso pasado para la vieja provincia de Sabaneque. La historia Nacional siempre nombra los grandes ataques de piratas a Santiago de Cuba, Puerto Principe, La Habana, etc, pero no se concentran en la enorme cantidad de peticiones de traslados de poblaciones villareñas más hacia el norte debido a las desastrosas incursiones de piratas como es el caso de Remedios, Caibarién, Quemado, Santa Clara, etc.

El tenebroso Olonés tuvo por un tiempo su cuartel general en Cayo Francés y el funesto Henry Morgan lo tuvo en Cayo Mosquito.

Pero a esta rica tradición marina de tesoros piratas debemos añadir otra terrestre de botijas repletas de monedas antiguas que escondían nuestros antepasados para garantizar su vejez. No debemos olvidar que el viejo Hotel Telégrafo de la calle Céspedes, en Sagua La Grande está construído con la fortuna que encontró su dueño en una botija repleta de monedas de oro en los terrenos de Amaro.

A continuación una recopilación de la «ColecciónTintín» durante las exploraciones arqueológicas del Grupo Espeleológico «Sabaneque» de Sagua La Grande, Cuba desde 1970 hasta el presente (1985). Se hacen solo resúmenes pues los trabajos de búsquedas continúan.

LA LEYENDA DEL JATAL[1]

En 1626 viajaba tranquilamente una flotilla que llevaría un enorme tesoro al viejo mundo. Sus escalas serían Veracruz y La Habana. Todo había marchado perfectamente hasta el momento, pero justamente al vencer la segunda escala, la situación cambió completamente;el temible pirata holandés Cornelio Jol «Pata de Palo» quien había apostado a sus hombres en el tramo comprendido entre Cárdenas e Isabela de Sagua, logró capturar uno de los galeones más importantes, el «Santa Lucía» que transportaba ¡cien mil libras / oro! El resto de los barcos logró escapar en todas direcciones.

Esto fue lo registrado por la historia oficial hasta nuestros días con respecto a uno de los asaltos piratas más mencionados de los siglos XVII y XVIII, pero los años cincuentas de nuestro siglo XX llegó a manos de un grupo de investigadores, el diario de navegación del famoso filibustero holandés, y de repente el «Tesoro del Santa Lucía» resucitó en la mente de los hombres.

Según la traducción, se conoció que Jol enterró el botín en un lugar de la costa norte de la Isla de Cuba, y que nunca pudo regresar a desenterrarlo, ya que por aquella época era costumbre montar guardia permanente en las zonas de atracos piratas para así evitar el retorno de los mismos. ¿Pero, dónde se ocultaron las riquezas que trasportaba la inmensa barcaza?; esto nunca lo supo la guardia al servicio de la corona de España, y después de muerto Cornelio Jol (pocos años después de este entierro) solo sus apuntes quedaron como testigos de un hecho que aún intriga a los más osados detectives arqueológicos.

Uno de los buscadores del tesoro del «Santa Lucía» que más cerca estuvo de la verdad, vive en la actualidad como professor retirado en el pueblo de Rancho Veloz, al oeste de Sagua: Juan García Lastre, después de muchos años de búsquedas e investigaciones, cedió cansado a nuestro equipo de exploraciones su archivo del caso.

Visité al señor García el 18 de noviembre de 1975, este muy atentamente me recibió confesándome que «ya el tesoro de Cornelio Jol no era su secreto, ni su desvelo», que ansiaba con toda su vida aquel encuentro, y que mi equipo sería el relevo.

---

[1] El tesoro del galeón Santa Lucía: resumen de un enorme archivo que tengo en mi poder después de varios años de trabajo de campo y entrevistas personales.

Cuando el diario de navegación de Cornelius Cornelizon Jol reapareció entre los archivos de historia de La Habana, García estudiaba Leyes en dicha ciudad y por ser natural de la región norte de Las Villas lo escogieron como guía de la expedición que se organizaría para la búsqueda del tesoro en cuestión, pero a su ayuda tuvo que recurrir un amigo pescador de la zona llamado Lane con el cual pudieron localizar gran parte de los puntos que mencionaban los escritos del pirata.

Las prospecciones de los años cincuentas resultaron completamente estériles a pesar del alto nivel profesional de aquella empresa, pero al parecer «Pata de Palo» estaba dispuesto a sepultar el secreto con su muerte. La ingeniosidad del entierro es indiscutible si se tiene en cuenta que !cien mil libras / oro han desaparecido en un área relativamente pequeña! La técnica usada en los planos y claves constituyen un verdadero enigma para los descifradores de codices piratas del siglo XX.

El interesante diario describe cómo fue capturado el galeón y luego conducido rapidamente a las costas de la Isla. El filibustero conocía perfectamente que de un momento a otro llegaría una patrulla costera para custodiar la zona del asalto y no pudiéndose llevar tal cargamento decidió pues hacer un entierro de altura. El Galeón fue introducido en el canal del «Jatal» (cerca de la actual Playa Panchita) y acto seguido descargado por todos los hombres de la tripulación...

Nuestro equipo acampó en dicho canalizo durante los meses de diciembre y enero de los años 1975 y 1976 con el objetivo de continuar las actividades de aquellos valerosos científicos pioneros que nos habían pasado la antorcha de la investigación. Poseíamos todos los datos con los que ellos trabajaron e incluso contábamos con mucha s de las hipótesis que tanto tiempo les habían consumido, pero carecíamos de los documentos originales tan necesarios en la investigación moderna de tesoros ocultos; por eso pensamos que nuestro estudio no se condujo por la vía que exige la ciencia arqueológica; nuestra actividad tuvo un matiz detectivesco y de aventura, además no contábamos con detectores de metales y otros equipos electrónicos que nos hubieran sido de gran utilidad.

En la clave del derrotero aparecen solo tres puntos a investigar y un mapa del estero. Los 3 aspectos se nos presentan de forma muy confusa[2]:

---

[2] Todo esto traducido literalmente del holandés antiguo al inglés y luego al español.

PLANO INVERSO A LA OSA MAYOR
MIRANDO SOL PONIENTE LAS LOMAS DEL HORIZONTE
LO ENTERRARON DIEZ QUE JAMAS HABLARÁN

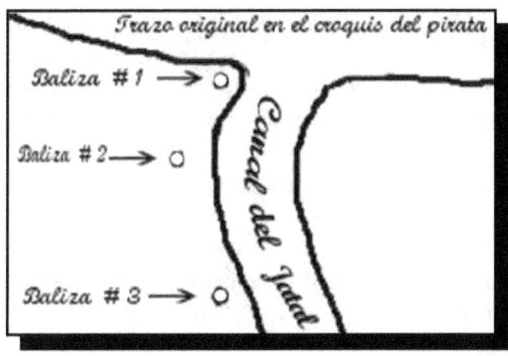

En el último punto quizás sea fácil deducir que el pirata se refiere a las personas que mató para que no revelaran el sitio del entierro aunque no debe descartarse un truco o atimaña tan común en estos casos. La segunda de las frases tiene cierta concordancia con la realidad pues, mirando hacia el sol poniente (oeste) se pueden divisar las lomas llamadas geográficamente HORIZONTE (¿Coincidencia?), y en cuanto al primero de los puntos, mucho puede decirse ya que todas las teorías giran en torno a este aspecto. En el terreno se encontraron tres balizas muy bien conservadas exactamente en la misma distribución de la señalada en el mapa antiguo y existe la posibilidad de que estas representen a las tres estrellas exteriores de la Osa Mayor en cuyo caso todo el estudio debe centrarse en las combinaciones resultantes al invertir el plano de la contelación sobre el terreno.

Es curioso señalar que este grupo de estrellas se les usa comunmente en Astronomía como «indicadoras» o guías para hallar la norteña Estrella Polar, por lo que no se podría descartar la posibilidad de que el pirata las utilizara con el mismo fin en el complicado plano, y el mismo punto que ocupara la Polar correspondiera al sitio del entierro en el campo. De esta forma las localizaciones teóricas del entierro

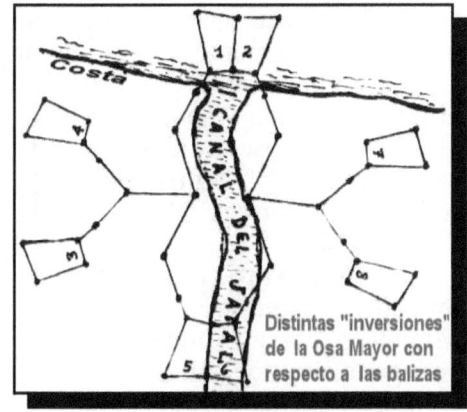

serían menor en números aumentando la probabilidad del hallazgo.

Pero todas son especulaciones ya que el sitio donde yace el cargamento sepultado por los «diez que jamás hablarán» no se ha hallado aún a pesar de los cientos de fórmulas teóricas que han aparecido en torno al caso. A la memoria de nuestro desaparecido amigo Angelito Gómez va este relato pues fue por él que, exactamente el día 17 de noviembre de 1975, en el número 23 de la calle Colón en Sagua la Grande, nos enteramos de tan fascinante aventura en la que su amigo Lane había participado, y fue con él que nos trasladamos a la Panchita y Rancho Veloz para conocer de cerca a los protagonistas de las primeras investigaciones.

Queda a opción de los futuros exploradores determinar la veracidad de este curioso evento.

Nuestra misión fue rescatarlo del olvido y quién sabe si, con mejores equipos, volvamos alguna vez a la aventura de búsqueda, ¡cien mil libras / oro esperan por un intrépido investigador!

CAYO LA VELA

Dentro de las leyendas del océano este es el cayo que más ha llamado la atención de los sagüeros por muchas generaciones pues desde los inicios de Sagua la tradición ha afirmado que en el año de 1561 aquí se sepultó un gran tesoro y hasta existía un plano pirata original circulando por las calles de la Villa del Undoso donde se señalaba que la clave del entierro lo eran «dos argollas—guías las cuales conducen hasta unas rocas donde una gruesa capa de pintura indica (posiblemente) el sitio del tesoro».

Pero al parecer este no fue el único entierro y se habla de otras fortunas escondidas en el islote durante los siglos XVI y XVII por El Olonés, Morgan y Pata de Palo.

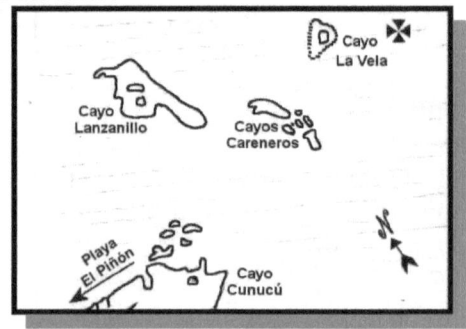

Aunque la tesis no le gustó mucho al historiador Antonio Miguel Alcover, muchos investigadores del finales del siglo XIX afirmaban que Sagua se formó en gran parte con marinos y piratas retirados de la época romántica de los mares caribeños.

De ahí que existiera tanto conocimiento del tenebroso pasado de los hermanos de la costa en el pequeño pueblito llamado «El Embarcadero» antes de 1800 (hoy Sagua).

Los marinos de los primeros tiempos de Sagua le temían a Cayo La Vela pues afirmaban que, al pasar cerca de sus costas, sentían almas en pena que los llamaban. Muchos contaron haber recibido descripciones para encontrar antiguos entierros, pero nunca nadie se atrevió a buscarlos. No fue hasta finales del siglo pasado (XIX), durante la Guerra de Independencia cubana que se hicieron algunas excavaciones en el cayo y una verdadera fiebre de tesoros se despertó, pero nunca se supo si el islote premió a algún afortunado.

En la actualidad aún se ven las muchas fosas que allí quedaron.

VINO AÑEJO

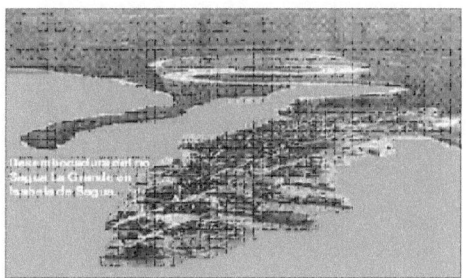

Aunque no se trata de un tesoro en joyas y lingotes de oro, para los amantes del buen vino deben conocer que en el fondo de la desembocadura del río Sagua La Grande existe un gran depósito de vino Vermouth que se perdió cuando se descargaba la barca italiana «Francesco Garguilo» procedente de Marsella para abastecer algunos negocios de Sagua el 23 de Diciembre de 1878. Este vino centenario no se pudo recuperar debido a la profundidad del sitio y en la actualidad esta gran «colonia de botellas» debe estar muy bien protegida por los abundantes sedimentos que arrastra el caudaloso río año tras año. Para los futuros exploradores…!salud!…

EL TESORO DE RACKHAM

También le llaman «El Tesoro del Esquivel» a varios baúles con joyas y monedas de oro provenientes de unos barcos españoles que escondió en este sitio el intrépido pirata Jack Rackham más conocido en estos mares por «Calico Jack».

Por los primeros meses del año 1720 un grupo de barcos de la flota española viajaba con rumbo a Europa proveniente de Matanzas con unos baúles de joyas y dinero de los negocios de varias familias poderosas en la isla de Cuba. Cuenta la tradición que el astuto Calico Jack, que operaba entre Bahamas y los cayos de archipiélago Sabana–Camagüey, se escondió por

el lado Este del Cayo Esquivel y al pasar la flota cañoneó por sorpresa a dos de los buques armados los cuales se hundieron al instante, quedando solamente el principal que le interesaba, donde iba la preciada carga, y que a pesar de poseer varios cañones no disparó ninguno, rindiédose en el acto, pero Calico desconfiado de una actitud tan pasiva lo asaltó con crueldad no dejando a un solo tripulante vivo, los cuales fueron arrojados al agua. El tesoro de baúles fue encontrado en popa, y en medio de gran alegría y borracheras, fueron bajados por un grupo de piratas a las arenas de Cayo Esquivel del Norte donde fue enterrado. Calico Jack fue capturado poco tiempo después y ahorcado en Jamaica con todos sus hombres pero el tesoro aún permanece en algún rincón del legendario cayo esperando por un nuevo dueño que lo adopte. (Algunos afirman que su hijo, criado en el Hato de Jumagua y con posterior residencia en Virginia, pudo haber regresado a buscarlo guiado por su madre Anne Bonny).

LOS TESOROS DE CAYO CRISTO

Muchas historias de piratas giran alrededor de este amado cayo de los sagüeros a lo largo de los cuatro siglos de conquista y colonización española de Cuba. Si nos guiamos por las leyendas, «tantos piratas y corsarios aquí enterraron sus tesoros en diferentes tiempos, que la ley de la probabilidad nos indica que alguno habrá encontrado el tesoro de otro cuando trataba de enterrar el suyo, si tenemos en cuenta el área relativamente pequeña del islote». La misma ley enuncia un pequeño porciento para que esto no suceda, en cuyo caso tendríamos los sagüeros un paraíso repleto de cofres, lingotes y toneles a cada paso que diéramos por su superficie.

Cada vez que tratamos de recopilar historias de tesoros con los viejos pescadores de Isabela, un alto porciento de ellos ubican los entierros en Cayo Cristo y quizás la segunda y lejana posición la ocupe El Esquivel. Pero los relatos más lejanos provienen de la Sagua colonial cuando aún no existía Isabela de Sagua y se hablaba de que una gran colonia de retirados hermanos de la costa allí se había establecido para olvidar su antiguo pasado delictivo y disfrutar así de sus jugosos ahorros producto de la piratería.

1) De la época de esos «retirados» nos llega la historia de una enorme fortuna compuesta por 10 ó más toneles repletos de peluconas de oro enterrados en 1567 en Cayo Cristo y que ellos mismos buscaron cuando ya vivían en Sagua en 1750 sin obtener resultados positivos. La tradición no cuenta cómo ellos sabían de aquel lejano entierro, pero el simple hecho de haberse preocupado por ir a buscarlo, indica la solidez de sus datos...

2) Otros pequeños relatos señalan a este sitio como punto de entierros en el mismo siglo XVI.

3) Pero pasemos al siglo XVII donde otra vieja anécdota describe que en Cayo Cristo estuvieron por más de 48 horas, dos bergantines piratas y un galeón español del cual descargaban toda su fortuna a la vista de otros barcos que por allí pasaban rumbo a Sagua que por esa época le llamaban «El Embarcadero». Enterada la marina española de tal acontecimiento, envió al sitio a 4 grandes fragatas de guerra que cañonearon a la flota pirata cuando ya llevaban una hora alejándose del Cayo. Los tres barcos fueron hundidos pero cuando los españoles exploraron tierra con el objetivo de desenterrar el tesoro, no encontraron ni una sola pista que les descubriera el punto de enterramiento. Los piratas, muy experimentados en limpiar huellas, habían dejado el terreno en su perfección natural sin la más diminuta marca o señal que sugiriera un eslabón del derrotero. De esta forma ha quedado para siempre, sepultado en Cayo Cristo, el secreto del galeón descargado.

Hay que señalar que durante la primera mitad del actual siglo (XX), se hallaron unos cañones en el punto llamado Los Caletones, que tenían una inscripción de 1612 y todo apunta hacia un barco pirata; de todas formas, de no serlo, estos cañones sí indicarían la notable actividad que ya existía en este Cayo por el lejano 1616 o algo más.

4) Otra leyenda muy conocida por los más viejos de Sagua describe los espectros que muchos vacacionistas han visto durante sus noches de estancia en el fantástico cayo. Muchos testigos vivos en la actualidad coinciden en que allí salen fantasmas de piratas en escenas que pudieron muy bien ser parte de la realidad cotidiana en los tiempos de sus aventuras. Esta visión describe que en una ocasión arribó a tierra un grupo de bucaneros con una larga fila de prisioneros que iban atados a la espalda y sus rostros vendados, quizás fueran cautivos en un asalto o tal vez fueran otros piratas condenados al silencio de un entierro. El despiadado capitán había ordenado cavar profundos hoyos donde los enterró

a todos de forma vertical dejándoles solamente la cabeza vendada sobresaliendo en la superficie y solo cuando estaba seguro que ninguno escaparía les quito la venda de sus ojos. Los pobres diablos estaban muy asustados y miraban con horror las olas en la orilla de la playa que casi rosaban sus bocas. Terminada la satánica tarea, los piratas se retiraron.

Triste sería describir la angustia de aquellos desgraciados cuando la marea lentamente comenzó a subir acercándose cada vez más a sus inmóviles cuerpos. Los gritos de horror han llegado como eco infernal hasta nuestros días siendo escuchados por muchos veraneantes que aquí han pasado sus temporadas. Otros han visto la siniestra hilera de cabezas enterradas a lo largo de la playa. ¿Se enterró un tesoro más en el islote sagüero? Este castigo ejemplarizante para los demás miembros de la tripulación llevaba sin duda algún fuerte mensaje del malvado capitán que les enviaría «la mota negra» donde quiera que se escondiera algún desertor de su dotación…

EL TESORO DE LA FRAGATA SAN JUAN

En 1714 zozobró la fragata San Juan cerca de Cayo Cristo ubicado a unos 13 kilómetros al norte de Punta Sotavento en la Isabela de Sagua.

Gran parte del oro que transportaba aún permanece en su interior sin que nadie haya podido penetrar al fondo de la embarcación pues algunos de sus cañones puede ser visto durante la bajamar.

Goletas en el puerto de Sagua la Grande

TESORO DEL OLONÉS

Mil libras / oro en lingotes fueron sepultados en Cayo Francés, lugar donde el famoso pirata Juan David Nau, más conocido por «el Olonés», tuviera su cuartel general de operaciones.

Algunos pioneros de «El Embarcadero», que era el nombre de Sagua antes de 1800, lo buscaron durante el siglo XVIII pues existía un anciano en el poblado naciente que era descendiente de uno de los marineros de la tripulación de Nau que conocía este suceso y se lo comunicó a un grupo de jóvenes sagüeros que en ocaciones pescaban en esa zona.

Existen algunas señas en dicho cayo que fueron dejadas por el pirata.

CAÑONES TAPIADOS

A solo tres brasas de profundidad existen en Cayo Bahía de Cádiz, varios cañones chicos tapiados con un tesoro en su interior y están apilados como si fueran polines de línea.

Posiblemente la moluscada marina ya lo haya sepultado desde hace mucho tiempo.

LA CRUZ DE PLATA

Existe un canal natural entre Isabela de Sagua y la playa Uvero al cual desde épocas coloniales se ha nombrado como «Estero Ibarra» o «Estero de Ibarra». En este misterioso sitio desapareció para siempre un enorme crucifijo macizo de plata de más de un metro de altura y antiguos sacerdotes católicos lo buscaron por dos o tres generaciones.

Nos llega la tradición oral de que estos cristianos tenían como derrotero principal la localización de «un mangle viejo», que aislado en el manglar, era la clave principal para encontrar el sitio donde se ocultó. Las intensas búsquedas que aquí se han efectuado nos sugiere que otros datos sólidos debieron existir.

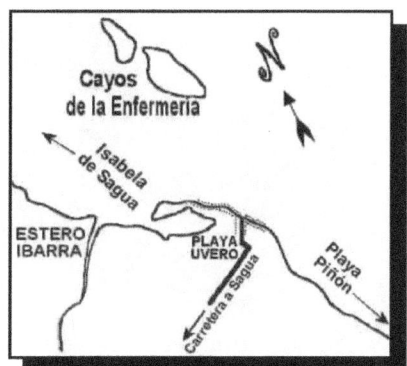

LA BÓVEDA PIRATA

Le dicen algunos el tesoro de Carahatas aunque la tradición lo ubica en «la falda de la Loma Horizonte», más exacto, entre el Chucho Horizonte y la Playa Ganuza.

Aquí se cuenta que existen varios arcones forrados de madera dura formando una gran bóveda construida por los piratas para esconder una riquísima fortuna de baúles de joyas y lingotes de oro. En uno de dichos arcones se encuentra un mediano crucifijo de oro macizo muy buscado por nuestros antepasados.

(Existen otros interesantes datos que me piden mis amigos aún no se revele en este libro hasta que ellos concluyan sus búsquedas arqueológicas).

BERGANTÍN DE JUAN CLARA

Existe un viejo naufragio cerca del litoral de Juan Clara sucedido cuando un voraz incendio provocó que la nave se hundiera llevándose consigo el precioso cargamento de joyas y alhajas en un cofre en la popa que pertenecían a la rica tripulación que allí viajaba.

Se dice que a través de los años los viejos pescadores que por allí pasaban veían parte de su estructura encajada en la arena y repleta de escaramujos a menos de 30 pies de profundidad cuando la mar estaba tranquila y clara, pero con el tiempo, el movedizo fondo oceánico se lo fue tragando hasta el punto que ya no es visible en la actualidad.

En el fondo de Juan Clara, los ricos viajeros esperaron durante siglos por un valiente buzo a quien cederle su fortuna, pero este nunca apareció y una vez más, como otras tantas, ha sido el inmenso mar del caribe quien se ha adueñado de los fabulosos tesoros…

TESORO DE PIEDRA NEGRA

«Sobre la piedra negra cerca del embarcadero de La Caldera y el *perno de bronce* en un uvero en la Corona del Guanal»

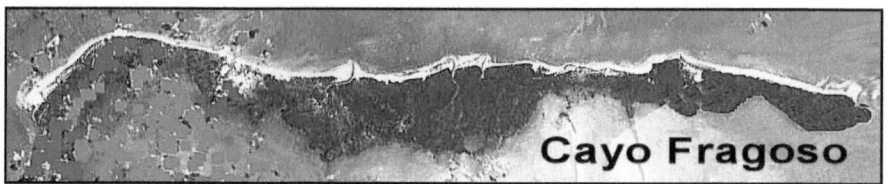

Este es un clásico tesoro buscado en nuestra región desde hace más de dos siglos en Cayo Fragoso.

Se trata de un voluminoso baúl repleto de monedas y prendas de valor arrancadas a cada tripulante asaltado y acumulada durante mucho tiempo según llegó el relato a Isabela de Sagua por parte de un descendiente de pirata quien contaba que el padre de su abuelo había formado parte de la tripulación y había visto bajar el pesado cofre a una chalupa por parte del capitán y tres marinos que luego no regresaron al galeón.

La preciada carga fue enterrada en el conocido cayo frente a la desembocadura del río Sagua la Chica y se dice desde aquellos tiempos que la clave del derrotero es:

«Encontrar la piedra negra cerca del embarcadero de La Caldera y un perno de bronce en un uvero en la Corona del Guanal».

Existen otros datos adicionales que complican enormemente la ubicación del entierro teniendo en cuenta la gran extensión de este legendario cayo en el archipiélago de Sabana-Camagüey.

EL CRUCIFIJO DE UMOA

En la finca Juanita de Núñez (Corralillo) saliendo de la playa Umoa de Machado hay sepultados 5 toneles que contienen 800 arrobas de oro y un crucifijo de un metro de alto de oro macizo con un peso de poco más de 16 arrobas que se llevaba como trofeo religioso a la Reina Isabel.

Este tesoro pirata se dice que está sepultado en un perímetro de media caballería en la arena. Algunos lo llaman «El tesoro de Quita-Sol», ya que la clave del derrotero lo es la loma del mismo nombre.

Existen datos posteriores a la antigua leyenda de que los toneles fueron encontrados por unos americanos adurante la primera mitad del siglo XX, pero que el objeto más preciado, la cruz de oro, continúa siendo la gran pasión de los buscadores de oro y zahoríes de Sagua La Grande.

MONEDAS DE VERSAGUA

La botijuela con monedas de oro

En este cayo al nordeste de la Playa Uvero, existe, a diferencia de los demás de este capítulo, un tesoro no proveniente de los piratas, sino que se trata de una botijuela con monedas de oro enterrada por un rico hombre de negocios de Sagua La Grande a finales del pasado siglo (XIX). Más datos en investigación.

CAYO SANTA MARÍA

Adentrándose en este cayo, casi al centro, existe un tesoro muy buscado en todos los tiempos. Existen más datos que el Grupo Sabane que atesora con vista a las búsquedas.

LA FLOTA DE PLATA

Los arqueólogos se frotarán las manos si saben que al norte de las costas de Sagua La Grande tienen un inmenso tesoro de plata esperando por ellos desde 1640. Casi 4 siglos de silencio en las profundidades oceánicas llevan los once buques de la flota de plata comandada por Don Roque Centeno.

Más datos y detalles en proceso de investigación en el Archivo de Indias, Sevilla, España.

EL RANCHO DEL COJO

Existe un cayo en la Bahía de Sagua La Grande, cerca de Cayo Esquivel que a principios del siglo XIX tenía una empalizada dentro de la cual vivía un solitario anciano criando puercos, vacas, chivos y pollos para su propio abastecimiento, el cual no quería relacionarse con nadie y todo aquel que llegaba a su solitaria isla era ahuyentado con disparos y ladridos de sus numerosos perros. Cuenta la tradición sagüera que el individuo tenía el rostro y su cuerpo completamente desfigurado por cicatrices de su oscuro pasado en la piratería junto al capitán Jean Lafitte, una gran joroba en su espalda y cojeaba de la pierna derecha. En su rancho marítimo se supone que dejó enterrada la fortuna ganada durante su aventura por los mares.

LAS DOS ANCLAS
(Leyenda del tesoro de Henry Morgan en Cayo Verde)

De todas nuestras recopilaciones el tesoro de Cayo Verde siempre llenó de ilusiones a los amigos buscadores de Sagua que me pedían no lo publicara (por el momento) ya que era el que más datos palpables traía y por tanto el que más posibilidades de ser hallado tenía... «Ya pasó el tiempo amigos y nadie lo ha encontrado». Me toca pues contarles que los piratas que enterraron este rico tesoro colocaron dos anclas de hierro como guía o derrotero para que trazando dos líneas rectas hacía el montículo más elevado del cayo se formara un triángulo o «punta de flecha que señalaba el sitio exacto.

Algunos vecinos de Sagua coincidían en la existencia del montículo pero con las tantas excavaciones a través de los tiempos este fue desdibujándose de la topografía del islote.

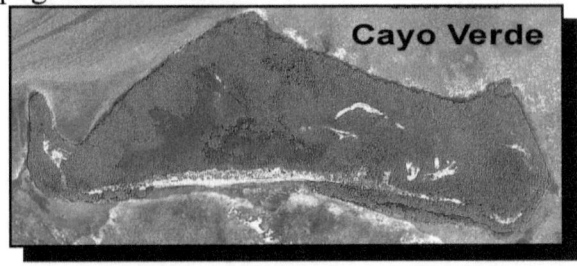

En cambio las anclas nunca fueron encontradas hasta que recientemente se me ha comunicado que el señor Santiago Pubillones (el mismo que encontró el famoso caldero de monedas cerca de la iglesia del cementerio de Remedios) había desenterrado un ancla en avanzado grado de oxidación cuando exploraba con métodos zahoríes el interior de Cayo Verde.

De ser cierta esta afirmación convertiría a este sitio junto con el Jatal en los dos puntos más afines o coincidentes a las leyendas por mí recopiladas, aunque esto no afirme definitivamente que allí existe un real tesoro, en otros parajes de leyendas nunca se han encontrado las señalizaciones que la tradición nos cuenta (exceptuando el Tesoro del Jatal), por lo que Cayo Verde sigue siendo un intrigante rincón del folklore neptúneo en la región de Sagua La Grande.

Abundan las historias sobre este pedazo de tierra muy estratégico justo al borde del canto del Canal de San Nicolás, ruta obligatoria para la flotilla de tesoros con rumbo a España y que según cuentan viejos marinos poseía una vegetación más densa y un aspecto más atractivo que en la actualidad. Alrededor de Cayo Verde existen varios naufragios históricos y varias leyendas de entierros y cuarteles de piratas en diferentes épocas. El tesoro de las dos anclas pertenece según la tradición oral más antigua al temible pirata de las aguas antillanas Henry Morgan (1635-1688) el cual mantenía su cuartel general muy cerca de allí en Cayo La Yana al nordeste de La Panchita (no confundir con el de Camagüey).

Si alguna vez usted encuentra la segunda ancla, no estará muy cerca de la caja fuerte pues necesitaría la otra llave que posee Santiago y ambos contar con un pescador aficionado que hoy vive en Sagua de apellido Arcial el cual afirma conocer el sitio donde se elevaba el rancio montículo de Don Herry Morgan ya hoy desaparecido...

LOS COFRES DE GRANADILLO O EL TESORO DE LA CEIBA

Granadillo era una zona muy antigua de la Jurisdicción de Sagua La Grande que los españoles habían dibujado sobre el Sabaneque indígena, allí existía un enorme bosque de Granadillo (una madera muy preciada en las carpinterías europeas), y desde épocas lejanas ya existía movimiento humano por el área dedicados a la labor del corte al que en muchos documentos le llamaban «Entre las dos Saguas» (refiriéndose a los ríos Sagua La Grande y Sagua La Chica).

Los antiguos madereros que allí operaron legaron a través de la tradición oral la existencia de un enorme entierro pirata efectuado por Piet Hein en 1628, poco antes de sus hazañas de Matanzas.

Según narra la pretérita leyenda, el famoso pirata holandés desembarcó con varias chalupas por el Estero de Granadillo y allí escondió varios cofres construídos por él mismo con madera de granadillo del área con inmenso valor en su interior los cuales tenían un derrotero en base a una jóven ceiba que fue muy conocida hasta 1812 por la época en que se fundó el embarcadero de Sagua.

En los tiempos actuales que hemos explorado el área (1982), no existe ninguna ceiba ni restos de alguna más antigua junto a la vieja cuenca, pero los buscadores y zahoríes insisten en encontrar los cofres de Granadillo.

LA GUARIDA DE MORGAN

A solo 2,5 millas náuticas al nordeste de la Playa «La Panchita» se encuentra el Cayo «La Yana» de 4 kms de extensión situado en parte dentro del Cayo Mosquito y allí la tradición localiza el entierro de una botija con monedas antiguas que muchas generaciones de sagüeros han buscado sin resultado alguno.Pero si la leyenda de la botija resulta interesante, más aun lo es el hecho que este sitio fue por largo tiempo la residencia o Cuartel General del temerario pirata Henry Morgan desde donde planeaba sus zafarranchos de combate a los galeones de la corona que viajaban repletos de oro hacia el viejo mundo y cuya ruta obligatoria lo era el Canal de San Nicolás al norte de la cayería de Sagua La Grande. Nunca sintió más temor el marino español que cuando pasaba por esta siniestra zona del norte de Las Villas y nunca pudo encontrar un corsario o pirata un sitio más ideal y estratégico que estas trampas o escondites naturales que presentaban estos cientos de islotes llenos de recovecos y canalizos muy difíciles de dibujar a plenitud en una carta náutica.

Aquí también existía la ventaja de que la llamada «Boca de Sagua» conducía al río más caudaloso de toda la costa norte de Cuba por donde podía navegarse más de 30 kilómetros corriente arriba en medio de un bosque tropical densamente tupido que conducía al corto camino carretero hacia las Lomas del Mogote o Mogotes de Jumagua con amplias cuevas donde pasar los horribles huracanes del caribe y enterrar, según leyendas, sus fabulosos tesoros.

La guardia española siempre le temió al Cayo La Yana y sus alrededores (Cayo Cera, Cayo Barco Perdido, Cayo Mosquito, Cayo Mosquitico...) ya que Morgan tenía muy bien distribuídos a sus sentinelas por todos ellos y se hacía muy dificil transitar esta zona sin perder la vida.

Existe un viejo documento del Cabildo de Remedios donde se habla de una incursión que el propio Henry Morgan hizo a Sagua La Grande donde saqueó todas las crías de ganados que tenían los primeros pobladores madereros del «embarcadero», nombre que se le daba a Sagua por aquellos tiempos.

La leyenda de La Botija de La Yana queda pequeña ante la leyenda de La Guarida de Morgan teniendo en cuenta que nos referimos a uno de los seres más sanguinarios y temidos que existió en la época del corso y la piratería de nuestros mares sagüeros.

LA CORONA DE LA CÓMICA

RELATO DE DON FRANCISCO POVEDA (EL TROVADOR DE LOS CAMPOS DE CUBA).

El poeta, investigador y trovador Don Francisco Poveda (1796-1881) vivió y murió en Sagua La Grande donde recopiló muchos relatos a lo largo de sus campos. A continuación uno de ellos relacionado con los últimos vestigios de piratería en el siglo XIX.

«Poco después de mi llegada a Sagua y de ser escribiente del Capitán de Partido Don Regino Landaeta, supe que, poco tiempo antes, los piratas, raqueros o musulmanes (como también le llamaban en Cuba) hicieron presa de un bergantín que de Hamburgo iba a

Veracruz, á la orden de Iturbide; pues bien, después del saqueo de cuanto existía a bordo, salían arrias cargadas con lo robado de Sagua para Santa Clara, y entre los objetos de fantasía, los piratas encontraron una corona de brillantes, perlas y otras piedras preciosas, a la que tomaron como un objeto cualquiera, y en Villaclara la vendieron por una onza de oro, á una cómica».

EL PIRATA JEAN LAFFITE EN CAYO CRISTO
La vida de Jean Laffite y Marie Dubois en Sagua La Grande.

Este es un viejo relato de las calles de Sagua cuyo origen se atribuye a Don Jose Antonio (Pepe) Beltrán (siglo XIX) y otros trovadores, como Don Benito Serrano, lo contaba después a su forma en las décadas de 1960 y 1970. Teníamos información de que «alguien» que vivía fuera de Cuba lo sabía con más detalles y nos dimos a la tarea de buscarlo «de por vida»...

En 1821 llegó a Cayo Cristo una embarcación mandada por un hombre de tipo distinguido, trigueño, con catorce hombres en su tripulación y allí se quedó con su esposa.

El capitán decía llamarse Bretón y ser mitad español y mitad francés. De vez en cuando salía de viaje con sus marinos dejando a su mujer en el cayo. En una ocasión le trajo un clavicordio y ella lo tocaba como los mismos ángeles, pero solo a su marido y a puertas cerradas. Sus hombres lo admiraban y respetaban pues él no era de su misma clase, mostraba ser un caballero culto, pero sobre todo era un excelente espadachín y manejando muy bien la pistola todos le temían. Una especie de Conde exiliado, un misterio que a nadie le interesaba aclarar.

En el cayo le nació una hija a la cual bautizaron como María y allí creció con los años. Su padre salía en largas temporadas y luego regresaba con la carga que le permitía mantener un cómodo régimen de vida. Fue visitado en ocasiones por gente ilustre pero nadie conocía en realidad de quién se trataba. Su tripulación con sus mujeres hicieron una verdadera población en Cayo Cristo pero nunca su refinada esposa se mezcló con el resto de los vecinos y solo hacía tocar su clavicordio en un lamento que escuchaba todo el islote.

La niña seguía creciendo rodeada del misterio que envolvía la procedencia de sus padres. Se empezó a rumorar que él era un noble exiliado, quizás un corsario retirado, un jefe pirata que vivía en aquel tranquilo refugio para disfrutar en paz de sus riquezas... que sus viajes eran solo un pretexto, porque el oro lo guardaba en cofres y que tenía tantos que algunos los había enterrado en lugares especiales, más seguros que el cayo, para futuras contingencias.

La esposa era una culta mujer que hablaba varios idiomas y servía de maestra a la pequeña María por no existir escuelas allí. En Sagua e Isabela ya se hablaba de «el hombre de Cayo Cristo» y el misterio que lo rodeaba. Mientras más crecía la niña más preguntas le hacía a su madre sobre quienes eran, de donde venían, quien era su padre y sobre todo le intrigaba un cuarto que durante toda su vida estuvo cerrado con llaves. Su madre le explicaba que en ese cuarto su padre guardaba papeles y pertenencias íntimas, también le explicaba que con el tiempo ella le contaría más de sus pasados.

Un día corrió por la arena a esperar el barco de su padre que anclaba pero se extrañó que éste no bajó de primero como siempre lo hacía, en cambio todos los lobos de mar bajaron con rostro sombrío y dirigiéndose a su casa le dieron la triste noticia a su madre de que el capitán había muerto de fiebres en las costas de Yucatán. Aquello fue horrible para la fiel amante que completamente destruida nunca más tocó el clavicordio. Los hombres de mar también estaban muy afligidos y sin rumbo. Todo había terminado, el principal guía de todos había dejado de existir. ¿Qué harían sin él? Aquella comunidad se fue disolviendo y la bella dama murió de tristeza. María que ya tenía 18 años decidió entonces mudarse para Sagua y hacia allá fue con su fiel criada Yambi dejando atrás sus años dorados de Cayo Cristo.

Una nueva vida comenzaba para ella con el nombre de María Rodríguez y con el tiempo se casó con un hombre de apellido Alonso formando una familia que mezclada entre la naciente sociedad sagüera fue borrando su intrigante pasado del cayo, pero he aquí que comienza la fascinante historia cuando, pasado muchos años Doña Mariquita, como le llamaban sus vecinos, decidió contarle a la abuela de Don Rafael Rasco las verdades de sus antepasados.

Era el año 1895 y ya María o Mariquita tenía 73 años y la abuela de Rasco tendría unos 34 en esa fecha. Alicia, la hija de María se había casado con Juan Antonio Someillán hermano de la abuela de Rasco y todo quedaba en familia.

Comenzó doña Mariquita contándole que en realidad los nacidos en el Cayo eran de descencia pirata, ella lo era. Su padre no era en realidad el capitán Bretón como todos creían, ese era un sobrenombre para ocultar el real, pero eso se lo contaría después. Su madre era de una de las familias criollas más conocidas de Louisiana y vivían en una plantación al norte de Nueva Orleans que era uno de los lugares que su padre visitaba con frecuencia.

«Mi madre fue educada en la Ursulinas —que entonces era la escuela a la que asistían las señoritas de aquella sociedad— preparada, en fin, para hacer un gran matrimonio, pero se enamoró de un hombre que no era exactamente lo que su familia quería para ella. Se enamoró, y él de ella. Estos amores fueron un secreto porque él —que era un caballero— no quiso nunca que a ella la rozara nada de la fama que él tenía porque pensaba —según mi madre me decía— que no era digno de ella; por eso el secreto, porque sabía que un día tendría que irse y no quería dejarla con el estigma a los ojos de aquella sociedad de haber sido la novia del pirata que probablemente en la lengua de la gente sería calificada como la amante. Él lo sabía porque conocía aquel ambiente, sabía que le temían, le adulaban, pero que eran capaces de clavarle un puñal por la espalda».

«Por eso la noche que él vino a despedirse, cuando le explicó la situación, ella, sin pensarlo dos veces, decidió irse con él. El no quería llevarla, pero ella se lo pidió, se lo suplicó, le dijo que el día que él se fuera de su lado sería la muerte para ella, como luego fue en realidad. Por eso, por el secreto absoluto de estos amores que nadie ni sospechaba, mucha gente pensó que el pirata en su huida, había raptado cobardemente a la más bella flor de Nueva Orleans. La verdad nadie la sabía, que era ella la que le había implorado para que se la llevara».

Y doña Mariquita que ya no estaba tan alegre, recordando todo aquello que era la historia de su padre y de su madre, terminó aquella parte de su narración diciendo:

Desaparecieron de Louisiana, nadie más supo de ellos.

Un momento después la abuela de Rasco, que estaba realmente interesada en la historia, volvió a preguntarle:

¿Y cuando sucedió todo eso?

En 1821 —le repuso doña Mariquita— y empezó desde el principio a desarrollar su larga historia contándole que su padre había llegado a Nueva Orleans al año de la compra de Louisiana por los Estados Unidos y pronto llegó a ser un ciudadano muy conocido en esa localidad donde se relacionó con personalidades muy importantes de la sociedad como abogados y políticos, incluso uno de ellos, Latour, lo fue a visitar de Isabela a Cayo Cristo en una ocasión. Cuando llegó la Guerra su padre ofreció sus fuerzas de más de mil hombres y un puñado de barcos armados y gracias a su ayuda la ciudad no cayó en manos de los ingleses. Luego de esto decidió marcharse con su esposa al paraíso de Cayo Cristo y nunca más se supo de este interesante personaje.

El pirata de esta leyenda se llamó Jean Laffite y la historia no conocía su destino final, pero gracias a la revelación de su hija María en 1895 a la familia Someillán es que este fascinante relato se ha podido rescatar del olvido. En algún lugar de Sagua La Grande deben quedar los restos del clavicordio de Marie Dubois y los documentos de Laffite que su hija tanto conservó. Por muchas venas de actuales sagüeros corre la sangre de aquel temible corsario de los mares, el legendario Jean Laffite.

De Rafael Rasco, una fascinante historia relacionada con su familia que ha sobrevivido en las calles de Sagua y que el autor narró en 1973 en la revista «El Undoso».

(El 4 de Enero de 2001 el autor (P.S. Tintín) localizó y habló telefónicamente con el profesor Don Rafael Rasco para confirmar los datos de su narración, éste le confesó que el trasfondo fue real y que solo en su narración la adornó un poco).

EL DETECTOR DE METALES

Siempre hemos recopilado estas leyendas sagüeras desde el punto de vista puramente folklórico, pero no fue hasta principios de 1979 que consigo con el señor Enrique en el edificio de Villegas # 5 en la Habana Vieja, un plano para construir un detector de metales y el Martes 19 de enero de 1982, Fidel Vila (Machy), Albertico Santana y yo, iniciamos una nueva era de arqueología colonial en Sagua La Grande, donde incorporamos la tecnología (un poco atrasada) del detector.

Mi amigo Machy es un gran inventor tanto mecánico como electrónico y Albertico un estudiante de electrónica con mucha práctica que de forma entusiasta se adentraron en el plano que les entregué y en pocos días ya tenían construído nuestro detector de metales que consistía en una caja que contenía los circuitos y controles, una alarma que suena cuando se localiza un metal, unos audífonos para sentir la alarma, una antena redonda para el rastreo y una vara que une a ambos. Las primeras pruebas las hicimos en el gran patio de casa de Machy (Gonzalo de Quesada # 3) donde su abuelo Don Modesto Linares tiene sus sembradíos. El objetivo era el de comprobar si este aparato podría captar algún objeto cuando lo enterráramos a más de un metro de profundidad. La tarde del martes 19 de Enero de 1982, nos citamos para hacer las primeras pruebas.

Probando el detector de metales, Eloy, Modesto y Alberto (Foto Tintín-1982)

Machy y Albertico se encargaron de preparar y probar el aparato. Modesto su abuelo, Daniel su sobrino, un amigo del barrio llamado Eloy Ríos y yo nos encargamos de hacer varios huecos en la tierra y esconder algunos «tesoros» sin que nuestros amigos vieran la posición del entierro; pero al poco tiempo de comenzada la función de búsqueda nos dimos cuenta que todo el patio estaba lleno de «tesoros metálicos»; chapas, zines y planchas metálicas hacían que nuestro sabueso electrónico «sonara» por todas partes; sobretodo de herraduras pues este terreno había sido durante finales del pasado siglo las caballerizas del Cuartel de Voluntarios del Ejército Español en Sagua La Grande. De esta forma decidimos hacer pruebas más simples para evaluar profundidad y masa.

Tomamos una herradura y comprobamos a las diferentes distancias que el detector la captaba debajo de tierra; luego el experimento continuó con dos herraduras, después tres y así sucesivamente hasta que la masa era mayor. El resultado (esperado) fue que que a mayor profundidad la masa tenía que ser muy grande para poderla captar con nuestro aparato; por ejemplo una botija a un metro y medio de profundidad podía ser captada, pero no así una moneda. Una pieza metálica pequeña, como pudiera ser una sortija, moneda o cadena, no podría estar a más de un pie de profundidad; siempre con el inconveniente que todo metal sonaba por igual, nunca podríamos saber si era oro, plata o zinc.

Decidimos que revisaríamos un poco todo mi archivo de leyendas pues nada teníamos que perder y mucho que ganar recorriendo los bellos campos de Sabaneque. El primer viaje fue el 20 de enero y lo hicimos (por supuesto) a las legendarias lomas del Mogote donde yo llevaba 12 años confeccionando el catálogo de su fauna y la cartografía de todas sus cuevas, además de algunas incursiones en el campo de la arqueología y paleontología.

PROBANDO EL DETECTOR EN EL MOGOTE

Fue en las cuevas del Mogote el Miércoles 20 de enero de 1982. Estas cuevas han tenido fama a través de los tiempos de ser refugio de corsarios y piratas los cuales «depositaban en ellas sus tesoros y cadáveres de sus pobres víctimas», y en honor a la leyenda y lo unido que estamos a estas lomas fue que decidimos comenzar esta nueva era de exploración arqueológica en sus cavernas. El Precipicio del Baúl, donde 12 años atrás habíamos encontrado un viejo y deteriorado baúl, fue unos de nuestros puntos de revisión y al terminar la tarde comprobamos que a nuestro equipo no se le escaparía ni un alfiler, siendo esto arma de doble filo pues este «sonaba» todo el tiempo ante herraduras, guatacas, cubos, palas, latas y cuanto material metálico allí existía. Se trata de un modelo muy antiguo de rastreo de metales que hemos copiado de una revista «Mecánica Popular» de los años cincuentas y este no discrimina entre el oro, la plata, el hierro o el zinc.

LA CORONA PERDIDA

Pertenece a los «Tiempos de Leyenda» una vieja corona que fue robada a la realeza inglesa (Reina Isabel) la y fue a parar al Nuevo Mundo. Por mucho tiempo se trazó todo un plan de búsqueda en América ya que se hacía primera prioridad encontrar esta vieja joya del imperio, pero a pesar de todo el esfuerzo realizado, el valioso tesoro nunca pudo ser encontrado.

Muchos años después apareció la noticia en una remota Villa llamada Sagua La Grande donde se había acabado de capturar al bandido más preciado de todos los tiempos. El llamado Pepe Cuca que tanto dio que hacer al gobierno español de la región norte de Las Villas.

Se dice que capturado e interrogado este legendario sujeto,

confesó, entre otras cosas, que la tan buscada corona española era parte de su propiedad y la había sepultado en una cueva de la finca «La Jutía» en la zona de Malpáez. En su escuetas declaraciones agregó además que esa pieza había llegado a Cuba en manos de los piratas y que él la había comprado por una suma muy respetable, pero que hasta ahí llegaría su declaración pues ese dinero lo necesitaba para su próxima vida en el más allá y de ninguna forma iba a revelar los tantos sitios de sus tesoros.

Al final, Pepe Cuca fue ejecutado por temor a que fuese rescatado por los tantos bandidos que componían su cuadrilla, y con su muerte se fue el secreto de la real corona, sepultada en algún lugar de las Lomas del Mamey...

FINCA LA JUTÍA

El Sábado 23 de enero salimos a explorar la Finca de la Jutía donde se dice que está sepultada la corona de Inglaterra por manos de Pepe Cuca, y al bajarnos de la guagua aprovechamos para echarle un vistaso a las ruinas intactas del ingenio Capitolio y sus casas circundantes entre las que esta la de Don Antonio Duque, muy conocido en la historia sagüera por su intento de envenenar al General mambí Don José Luis Robau, pero su exploración la dejaríamos para otro día pues nuestro objetivo principal era rastrear el área de la Finca La Jutía.

Rastreando con el detector de metales en Finca "La Jutía" (Albert, Machy, Tintín)

Esta zona es más bien apta para la cría de ganado que para la siembra, es muy rocosa, predominando el dienteperro entre los que sumergen curiosas casimbas y grutas cortadas a capricho de la naturaleza. Rastreamos tres cuevas con idénticos resultados (una de ellas según los campesinos de la zona, no había sido explorada por nadie). La indicación de los guías nos llevó a rastrear muchos árboles viejos (según ellos «por estos deambulan espíritus que asustan a los transeúntes con luces y sonidos de cadenas para que no se acerquen a sus tesoros enterrados». El día terminó con un buen acumulado de chatarras que nos regaló nuestro buen aparatito. Los tesoros de Pepe Cuca no aparecieron (al menos hasta el momento) pero nuestra labor continúa…

En la finca La Jutía encontramos algunas cuevas o furnias las cuales rastreamos, obteniendo los mismos resultados que en las cuevas del Mogote. Pero nuestro objetivo no eran solo tesoros de oro y plata sino que algunos tesoros coloniales de hierro pasaron a engrosar mi colección arqueológica como grilletes de esclavos, viejos machetes y hasta revólveres casi completos de los tiempos de la manigua mambisa, por el camino incorporaba otros tesoros culturales en el mundo del rico folklore campesino lleno de tantas anécdotas interesantes que hubieran pasado al olvido de no haberlas rescatado. Mi generación tuvo la gran suerte de conocer a los últimos mambises que aún transitaban cargados de años por las calles de Sagua en pasada década del setenta cuando comenzamos nuestras investigaciones. Uno de ellos lo fue Don Benito Serrano, que aunque no aparecía en ningún registro de veteranos (por despreocupación personal y familiar), todos los veteranos sobrevivientes lo reconocían como tal. Nunca estuvo en la Guerra pero su enlace entre Sagua y Loma Bonita fue muy valioso para los mambises. José L. Robau lo tuvo como mensajero personal todo el tiempo que duró la guerra. Entre las tantas anécdotas que nos contó nuestro inolvidable Benito estaba la de una botija de oro que desenterró su temible tocayo Benito Carreras en el patio de la casa que hoy tiene el número 3 de Gonzalo de Quesada que por aquellos tiempos era caballeriza del cuartel de voluntarios y que él (Serrano) recogió vacía y conservó hasta el día de hoy que nos la enseñó.

Le he dicho a mis amigos que nunca encontramos oro, pero el simple hecho de «salir a buscarlo, resultó tan interesante como haberlo encontrado». La búsqueda de tesoros es tan ritual como la misma pesca que en ocasiones no da resultados, pero mucho entretiene, y donde hasta los mismos planes preliminares forman parte de «La Fiesta». Por la parte zoológica me encontré con la temida arañita «viuda negra» y muchísimos huevos de Cathartes aura puestos en las rocas al bajo nivel del piso, cosa que antes no había visto.

Es interesante señalar que por esta zona, al final de la cordillera del Mamey, existen, en diferentes puntos aislados entre sí, la misma leyenda de «caballerías fantasmas» que con gran estruendo sorprenden al atariado campesino o a la dedicada ama de casa, que sorprendida al abrir su puerta, observa con horror un enorme torbellino de polvo levantado por decenas de caballos que avanzan sin detenerse hacia ella. «Quizás este fenómeno sea repetible en sitios donde ocurrieron sangrientas batallas pasadas» —dicen los espiritistas.

PEPE CUCA

En el siglo pasado (XIX) existió un famoso bandido llamado «Pepe Cuca» (no confundir con el mambí que los españoles llamaron «bandido» en los periódicos de la época) que de modo extremadamente interesante para la antigua jurisdicción de Sagua La Grande viene a unir la romántica tradición pirática del océano con el clásico bandolerismo terrestre de los campos de Cuba. Hemos pensado durante el transcurso de nuestras investigaciones, que es la primera vez en Cuba que puede demostrarse una evidente continuidad entre la vieja criminalidad marina y la nueva delincuencia de tierra firme, pues Pepe Cuca comienza su «piratería terrestre» justo cuando los filibusteros de la mar se retiraban y nos cuenta la tradición que este famoso malhechor de los campos de Sagua tenía como principal función «traficar con el producto de la piratería» tan abundante en la costa de oro como le llamaban los españoles a la zona norte de la vieja provincia indígena Sabaneque».

En los primeros periódicos de Sagua se habló del incapturable hombre invisible que medio siglo atrás tenía en jaque a la dominante guardia española. Se conocía toda la geografía local y muchos campesinos apoyaban a su banda pues este Robin Hood sagüero siempre repartía sus botines a lo largo de las fincas con el fin de ganarse la confianza de los nativos de la región; de ahí que fuera muy dificil su captura por parte de las autoridades.

La vida de Pepe Cuca debe ubicarse entre 1750 y 1850, aunque no hay conclusión definitiva, pero todas sus anécdotas (excepto una), pertenecen al siglo XIX. En la Sagua actual (1978) aún existen anécdotas muy aisladas unas de otras, contando la vida activa de este legendario personaje del pasado siglo XIX y sería muy lamentable no recopilarlas. Una de ellas la vamos a plasmar en este inventario de leyendas y curiosidades en el capítulo siguiente pues pensamos que esta constituye un verdadero clásico de la Villa del Undoso.

Tintín y Alberto (1982) probando el detector

LA HORTALIZA DE LOS CHINOS

El 25 de Enero de 1982, aprovechamos la mañana para registrar la vieja hortaliza de los chinos cerca de la que fue hasta hace poco «Fábrica de Hielo» en el Dique del río Sagua.

Fue difícil la tarea de búsqueda aquí debido a la gran cantidad de hierros y zines esparcidos por el suelo. Siendo negativa la búsqueda nos corrimos hacia la base de un antiguo ingenio colonial que desconocíamos y que supimos por un campesino.

La prueba también fue negativa. A las 12:00 meridiano regresamos a Sagua.

BOTIJUELA DE LA RUBIA

En esta finca, «La Rubia», está perdida una botija con monedas de oro del tiempo de España, existiendo como clave para el derrotero, tres matas de coco. A continuación la transcripción de mi diario de búsquedas:

«Martes –26 de enero de 1982– Guiados por el señor Trejo fuimos a «La Rubia»

Finca La Rubia, donde solo queda una mata de las 3 que narra la leyenda

cerca de esta ciudad (Sagua). El lugar era un cañaveral pero dentro del mismo existían tres matas de coco que eran la supuesta indicación o derrotero. Hacía unos «treinta años» que el señor «T» había venido al lugar y por tanto la zona había cambiado mucho desde entonces. Ahora solo existía una mata y no encontramos los troncos de las otras. El equipo (detector de metales) como el día anterior, «nos dio que hacer» pero superada la dificultad rastreamos a rumbo, sin guías, dándonos al final «negativa» la prueba. No apareció la botijuela del señor T».

«Animo...nos decimos siempre». [3]

---

[3] «Nota: Era un terreno bastante limpio y nuestro sabueso electrónico nunca sonó».

INGENIO CAPITOLIO

Machy descendiendo en el túnel o aljibe del ingenio Capitolio

Este barrio cercano a Malpáez goza de la fama del dorado metal como en el Klondike legendario donde la fiebre del oro llenó de huecos la cuenca del Yukón. Hemos logrado reunir varios relatos de la tradición oral los cuales señalan «entierros bancarios» de los propietarios de algunas de estas fincas que rodearon al ingenio Capitolio, siendo esta zona una de las más visitadas por los excavadores y zahoríes de Sagua La Grande.

Se habla desde principios de siglo del entierro de una gran botija con monedas de oro por parte del propietario del ingenio, pero además, queda el legado de la tradición local que «fue casi un modelo establecido en todo el valle esconder los ahorros en algún rincón subterráneo de cada plantación o potrero»; de ahí se deriva la visita habitual de algún buscador de tesoros que al azar escoge, en cada viaje, otra vieja ceiba o ruina donde excavar.

La casa de Don Antonio Duque es una de las más apetecidas de Capitolio debido a que según se relata en las bodegas y bares de Sagua, este murió por sentencia repentina sin tener tiempo a revelarle a sus descendientes dónde se encontraba enterrada su fortuna.

Cercanas al legendario hogar de los Duques se encuentran otras casonas de la época (siglo XIX) como la de Don Gervacio Rojo y la de Sureda que también conservan el imán para los aventureros de las botijas. El antiguo bosque con gigantescos árboles (casi desaparecido), las antiguas cercas de piedra construídas por los esclavos (intactas), así como las lomas y las cuevas que lo rodean han sido otros de los puntos de atracción durante todo el siglo XX.

Jueves, 28 de Enero de 1982. Temprano llegamos al ingenio Capitolio demolido en el siglo pasado; aprovechamos para explorar un poco y fotografiar al antiguo ingenio «Capitolio», así como el «túnel» como le llamaban los campesinos que nunca se atrevían a penetrar en él. Machy y yo bajamos y Alberto Santana se quedó encima para protegernos y ayudarnos en el descenso y ascenso.

Machy con el detector de metales y yo con la linterna lo guié para que el rastreo le resultara más cómodo. En pocos minutos pudimos comprobar que esta cavidad subterránea no era más que un viejo aljibe lleno de gajos y palos podridos y no un túnel propiamente dicho. En Sagua se nos había comentado sobre un túnel inexplorado en el antiguo ingenio Capitolio y los campesinos del área nos ratificaron que efectivamente se trataba de este. Otra de las atracciones del conjunto de edificaciones lo era la casa de Don Antonio Duque (quien intentó envenenar al general José Luis Robau durante la guerra de independencia). Todas las construcciones se conservan casi intactas; la casa de Duque esta como mismo lucía el siglo pasado y el Ingenio Capitolio solo le falta su viejo techo de madera que ha caído completo, pero en lo que a paredes se refiere, todas están intactas sin que les falte un solo ladrillo.

Estas curiosas, interesantes y antiguas construcciones deberíamos convertirla en Sitio Histórico para las futuras generaciones como muestrario de lo que eran los bateyes coloniales del siglo XIX. No creo que en toda Cuba exista un pequeño pueblito español como el que aquí se conserva. Sin resultado arqueológico alguno, pasamos a las demás ruinas que ocupan gran área del terreno ocupándonos toda la mañana. Encontramos gran cantidad de guatacas y herraduras. Después de almorzar junto a las ruinas, partimos rumbo a Loma Bonita.

CUEVA DE JOSE LUIS ROBAU. LOMA BONITA

Por sinuoso camino de complicada geografía nos adentramos en la zona más elevada del terreno donde podíamos admirar un bello paisaje cruzado por cercas de piedras coloniales. Llegamos por fín a Loma Bonita, sitio que fuera antaño el Cuartel General de la Brigada Sagua y en cuyo corazón (Finca Luis Núñez) se encuentra la Cueva de José Luis Robau donde se dice que se asentaba su oficina de campaña.

La entrada es pequeña pero una vez dentro la caverna se amplia más. Machy y Albert comenzaron el rastreo por turnos con el detector de metales y yo aproveché el tiempo para realizar la cartografía de la cueva la cual había visitado diez años atrás pero solo para observar su fauna. Resultaba increíble que los sagüeros aún no la tuviéramos cartografiada teniendo en cuenta la importancia patriótica que esta encerraba. Su entrada es en descenso y una vez debajo podemos ver un salón a la izquierda donde dicen los campesinos más ancianos que estaba la herrería cosa que he dudado por el incómodo acceso que tendría para los caballos, a no ser que solo se tratara de una fundición o depósito de herraduras hecho que constaté cuando en diferentes excavaciones de pruebas logré extraer mas de 20 de estas. Este saloncito o herrería (como lo bauticé en la cartografía) tiene una claraboya de entrada en su techo. A partir de aquí un muro o columna media forma dos entradas o pequeños túneles que pronto vuelven a convertirse en una sola vía en descenso leve.

Cuando hemos caminado unos 40 metros de la entrada una pequeña galería entra hacia la derecha y la rama central vuelve a dividirse en tres entradas producto de un gran núcleo maciso de roca que a su vez tiene su caminito hacia la parte superior de la misma. Si tomamos cualesquiera de los tres caminos, siempre en leve descenso, volvemos a la misma rama central que luego de unos 40 metros más gira bruscamente a la derecha para luego volver a girar a la izquierda y tropezarse con un salón de guano de murciélago al que hay que descender en desnivel más brusco. Aquí la cueva continúa a la derecha en pequeño túnel ciego y hacia la izquierda en su rama central que aún transita otros 30 metros siendo el final de la caverna un saloncito con claraboya en el techo.

La cartografía la realicé de forma incómoda pues tenía que hacer las medidas yo solo ya que Albert y Machy no podían ayudarme por lo que no debe ser exacta y lo considero un croquis preliminar; no obstante por ser la primera que esto se hacía la bauticé como «Cueva de José Luis Robau», en la Finca de Luis Núñes, a una altitud de cien metros sobre el nivel del mar y unos 115 metros de galería central.

Por la parte de la búsqueda de metales Albert y Machy tuvieron algunas dificultades con el aparato que se disparaba a sonar en cualquier sitio de la cueva como nos ha sucedido en otras búsquedas espeleológicas debido a que el goteo de filtración que originan las formaciones secundarias (estalactitas y estalagmitas) arrastra consigo gran cantidad de minerales que junto con el guano de murciélago y la tierra forman una masa altamente concentrada de metales lo cual provoca su constante dislocación de nuestro aparato detector. Siempre que nos ocurre esto hemos obtado por «ajustarlo a cero» pegándolo contra este tipo de tierra.

Terminamos algo tarde y pude como he dicho, cartografiar todas las galerías y ellos rastrear todos los rincones de la cueva. El resultado fueron pedazos de rifles, pistolas, machetes, puntas de bayonetas, casquillos de balas, guatacas y otros objetos de metales que también eran tesoros arqueológicos para nosotros pues no solo las monedas y las joyas lo son.Tratando de buscar otro camino alternativo que nos condujera hacia la carretera, nos pescó la noche tan oscura como la cueva; pero íbamos contentos ya que no considerábamos una derrota el resultado de la expedición, por el contrario «ahora sabíamos que tendríamos un sitio menos que rastrear en el futuro». Muy tarde y extremadamente cansados pudimos llegar a Sagua, pero una vez que nos bañamos y comimos, nos acostamos a soñar con la próxima expedición para la búsqueda de tesoros coloniales.

En la foto aparecen en Loma Bonita, Pedro Suárez Tintín y Fidel Vila.

EL TESORO DE LA CADENA

En este relato ocurrió una curiosa coincidencia entre la leyenda y la realidad cuando el 31 de enero de 1982 decidimos visitar «el sitio encantado», pero veamos primero la leyenda.

Por allá por los años cuarentas el cuñado del viejo labrador M. Linares dormía tranquila y profundamente en su fresco bohío campestre cuando de pronto lo despertó una voz que insistía en que despestara completamente y lo escuchara con atención. Muy asustado el pobre hombre y con las sábanas hasta el cuello, recostó su espalda a la cabecera de la cama desde donde pudo ver con horror la silueta de quién le hablaba. Nadie podía haber penetrado a su hogar a esas altas horas de la noche ya que él, cada tarde, antes de acostarse, se encargaba de proteger muy bien las puertas y ventanas con gruesas trancas de duro roble. Aquello, indiscutiblemente, se trataba de un espíritu en pena que intentaba hacer un pacto con él.

Oye bien lo que te digo Luis —decía aquella voz de ultratumba— en el cañaón que está al borde de la cerca por donde siempre pasas, hay una lasca de piedra con una cadena debajo y allí está mi dinero que ahora será tuyo si vas solo y lo sacas, pero mi condición es que debes ir tú solo—Acto seguido el nebuloso y algo fosforescente espectro se esfumó ante los desorbitados ojos del infeliz cristiano. Esa noche no pudo dormir más, atormentado por lo que le había acabado de suceder, y en la mañana corrió rápidamente a contárselo a Linares el cual sin inmutarse mucho le calmó: —Vamos a sacarlo y de esa forma te dejará tranquilo, si no cumples su petición es muy posible que te siga molestando todas las noches.

—Pero él me dijo que debía ir yo solo.

—¿Y te atreves a ir tú solo?

—No, claro que no, por eso vine a verte.

—Pues manos a la obra —le dijo el cuñado poniéndose su machete en la cintura y acotejándose un gran tabaco entre los labios. Tomaron un pico y una pala cada uno y en sus caballos partieron hacia «el cañaón» una especie de garganta rocosa en una de las primeras elevaciones del Mamey. El señor Linares cabalgaba muy tranquilo y seguro de sí, pero su cuñado era todo un manojo de nervios lo cual apenas le permitía decir unas pocas palabras.

Alberto Santana - rastreando el área

Al llegar a tierra prometida, comenzaron la búsqueda levantando cuanta laja de piedra encontraban y fue Linares quien hizo por fin el esperado hallazgo; allí, enrroscada sobre la tierra, apareció una gruesa y bien conservada cadena como la que usan en las anclas de los buques haciéndole brillar los ojos a su descubridor quien ya acariciaba el placer de una gran fortuna, pero no así sucedió con el pobre Luis que completamente petrificado comenzó a hincharse de forma alarmante.

Toda su piel se puso roja y tanto la cara como los brazos y piernas parecían reventar. Sus ojos se pusieron muy pequeños ante la monstruosa inflamación del rostro y no pudiendo contenerse montó en su caballo como alma que lleva el diablo saliendo a todo galope del siniestro sitio de la cadena. Su cuñado Linares también tambaleó y todo su frío materialismo se derrumbó al ver tan sobrenatural escena. Soltando la roca que aún sostenía en sus manos perdió todo control de sí y salió disparado hacia su caballo el cual ahorcajó de un solo salto desapareciendo del escenario en pocos segundos.

Don Modesto Linares es el abuelo de mi amigo Machi, y valiente hombre de campo como siempre ha sido, nos contó esta historia proponiéndonos ir al olvidado sitio con nuestro nuevo detector de metales,pues a pesar de su avanzada edad, el viejo aún recordaba el área del suceso y tomando la palabra el día 31 de enero de 1982 partimos hacia las Lomas del Mamey en busca de la nueva aventura del Tesoro de la Cadena pero no llevamos a Don Modesto pues su descripción del punto era muy detallada y pensamos que no sería necesaria su presencia. La evidente cañada fue muy fácil de localizar,- pero nos llevó toda una mañana destapar cuanta piedra veíamos. De pronto y sin motivo aparente, noté como mi cara, mi cuerpo y extremidades comenzaron a enrojecer y en muy poco tiempo a inflamarse de forma muy incómoda. Mis amigos estaban más asustados que yo y querían abandonar la búsqueda para llevarme al hospital de Sagua, pero yo decidí que iría solo para que ellos pudieran continuar los rastreos. Mi piel parecía muy delicada y apenas podía rascarme sin dañarla. A duras penas llegué a la carretera y luego a mi barrio donde el Doctor Mena me recetó Escabicín y Clorfetamina coincidiendo conmigo en que podía tratarse de la ortigilla o el guao, dos plantas urticantes que después de todo, conozco muy bien, y nunca vi por aquella zona, pero mi materialismo tampoco me permite creer que se haya tratado de un castigo sobrenatural como cuenta la leyenda.

Por la noche llegaron a Sagua mis amigos y fueron directamente a mi casa donde yo aún sufría la incredible intoxicación. Me contaron que en el sitio donde me hinché el detector les sonaba constantemente y mientras más escavaban más sonaba, pero ante un hoyo enorme decidieron dar por concluída la jornada.

El Martes 2 de febrero, algo recuperado, decidimos volver al ataque, pero esta vez nos llevamos a Don Modesto para tratar de localizar mejor al «sitio encantado» y en el carretón de su hijo Onorio viajé con él a través de los lindos paisajes del Mamey; Machy y Albertico Santana iban en bicicletas. Nos fue extremadamente fascinante comprobar que el viejo fue directo al sitio donde ellos habían realizado el enorme boquete.

No me cabe duda —nos decía— es aquí mismo donde vimos la cadena.

Hay cosas que no tienen explicación y esta es una de ellas. Soy muy reacio a aceptar tesis que no hayan podido sobrepasar la prueba científica y como naturalista que soy no acepto nada sin el experimento pertinente, pero también es mi deber narrar todo tal y como sucede y esta fue la interesante historia que vivimos junto al protagonista, nuestro inolvidable Don Modesto Linares hombre de campo lleno de ese rico folklore que ha caracterizado a los últimos dos siglos de nuestra historia local.

Si visita «el cañaón» allí verá nuestro pozo en cuyo fondo un enorme bloque negro (que me parece ser ónice) fue, quizás, el causante de que nuestro detector sonara todo el tiempo. Y en cuanto a la intoxicación, explore bien antes de transitar por el área para que esté bien seguro de posibles plantas irritantes. Pero si «se hincha» y no ve plantas urticantes por ningún lado, la explicación se la dejo a usted porque, hasta el momento, yo no he encontrado la respuesta. La famosa «sugestión» marcha de la mano con los ignorantes, pues para nosotros, acostumbrados a las penumbras de las cuevas y los campos nocturnos, el miedo espiritual no existe, de lo contrario no podríamos ser exploradores que sí sentimos el natural «miedo material» como modo de protección y defensa ante la naturaleza.

Aunque existe en nuestra colección varios cuentos de «muertos entregando su dinero», un mito muy repetido en todos los campos de Cuba, decidí escoger este relato como «tipo», en honor a nuestro querido Don Modesto, y a la vez para «suavizar» un poco el horror de otros casos donde casi siempre uno de los buscadores cae fulminado por la muerte, como castigo a la desobediencia con el difunto. Todos los demás relatos son muy parecidos y aunque nos da tristeza que se pierdan en el olvido, sería interminable la lista de nombres y lugares donde acontecieron.

Esperamos que alguna noche de estas nos visite Don Henry Morgan (o quizás Pepe Cuca) y nos entregue por fin la lista de sus tantos tesoros ocultos en el territotio de Sabaneque. Para eso siempre echamos un trago de ron en el piso; ya es nuestra inviolable costumbre.

EL VIEJO CUARTEL ESPAÑOL

Miércoles, 3 de Marzo de 1982.

En la calle Colón # 20 entre Gonzalo de Quesada y Brito vive nuestro amigo de estudios, exploraciones y de tertulias musicales, Sr. Jorge Peraza García y cuya casona fue parte de un antiguo cuartel español en el siglo XIX.

Existía la leyenda de un dinero enterrado aquí desde esa época colonial del pasado siglo.

El autor de este libro junto a Jorge Peraza García quien vive en esta vieja casona colonial de la calle Colón 20, en el pasado siglo un Cuartel Español.

Hace tiempo que queríamos revisar el piso y las paredes pero no teníamos autorización para escavar por parte de sus padres.

Esta mañana la dedicamos entonces solamente a rastrear, y los sonidos que nos dió el aparato lo anotamos en un plano que habíamos confeccionado previamente para el día en que consiguiéramos lozas y cemento, entonces poder excavar.

El viejo Peraza nos dijo en broma: —Y no me dan el plano a mí. A lo que le contesté: —por ahora es secreto, cuando saque la botija que tienes allá abajo, entonces te lo regalo. Por la tarde exploramos otra casona colonial del Barrio de Cocosolo (calle Colón) sin resultados positivos.

INGENIO FLOR DE CUBA

Durante la Guerra de independencia en 1895, muchas de las personas que se incorporaban a el ejército mambí tenían como única opción enterrar los ahorros de su vida en una botija hasta que terminara la Guerra y pudieran regresar a sus hogares para disfrutarlo.

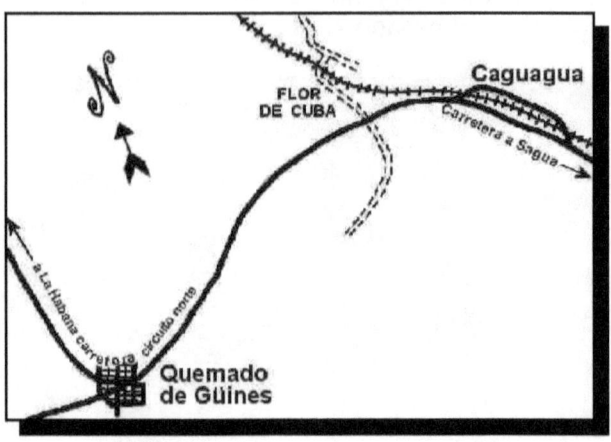

Este fue el caso del maquinista del Ingenio Flor de Cuba, que al partir a la manigua redentora, dejó enterrado cien onzas / oro en un tubo sellado en la pared del pozo del donque quedando allí para siempre pues este murió en combate.

Nuestro equipo visitó el lugar comprobando que gran parte de las ruinas del antiguo ingenio aún se mantienen en pie y el barracón de los esclavos está intacto, excepto el techo que ya desapareció.

En el pozo efectuamos, como pudimos, algunos rastreos con el detector de metales sin obtener algún resultado positivo.

No sabemos de donde surgió la idea del pozo, pero así es la leyenda y ahí debemos dejarla, aunque, sin alterar el relato original le sugerimos a los buscadores y zahoríes que busquen también en las viejas ruinas, en las ceibas y en las largas cercas de piedras, pues estos constituían los sitios más atractivos y «cuasi-modelos» para los mañosos enterradores de la época colonial…

EL DINERO DE LOS CIMARRONES

A principios del siglo XIX unos cimarrones establecidos en «Las Nuevas» y «El Embarcadero» huyeron a Corralillo con una enorme fortuna robada a sus crueles amos. Inmediatamente se organizó un partido de caza a los «delincuentes» que por varios días siguió sus pistas con perros adiestrados, excelentes conocedores del exuberante bosque que por aquellos tiempos rodeaba a Sabaneque. El nutrido grupo de negros, muy bien organizados, logró por fin establecerse en las abundantes cuevas del Horizonte cerca de Corralillo y sus perseguidores, conscientes del peligro de penetrar en cada una de las cuevas, decidieron por unanimidad tapiarlas todas y así de esta manera sepultar para siempre a los malhechores donde quiera que estuvieran. Para tal siniestra empresa se utilizaron toneladas de escombros de rocas y maleza cortada, que al final de la jornada, tapiaron de forma imperceptible, las entradas de dichas viejas cavernas. Aún así, muchos de los cimarrones que custodiaban el exterior de las lomas dieron fiera batalla por largo tiempo a los expedicionarios que finalmente desistieron y abandonaron el sitio, conscientes de que los habían exterminados a todos. Pero los recluídos, que eran muchos, sobrevivieron por mucho tiempo a las adversidades del mundo subterráneo.

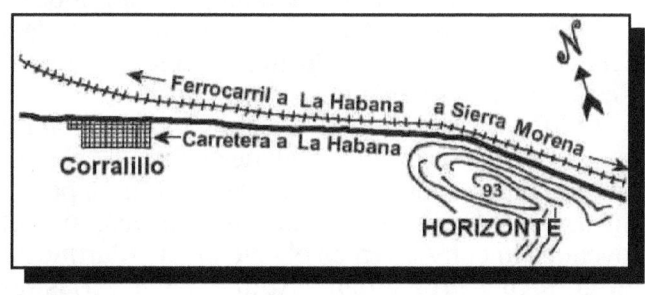

Cuenta la leyenda que la propia naturaleza se encargó del sello definitivo de las grutas, las cuales, en muy pocos meses, quedaron completamente invadidas por una densa vegetación que sepultó para siempre a aquellas desesperadas almas en tan horrible infierno subterráneo. La localización de las mismas se ha perdido para siempre resultando muy difícil, luego de dos siglos, visualizar una posible «entrada»; por lo que ha quedado en la leyenda «la cueva de los cimarrones», aterrador nicho de esqueletos, pero seductor reducto de tesoros, ya que allí, en algún recoveco de HORIZONTE, yace uno de los tesoros más grandes que se han escondido en el norte de Las Villas…

LA ESMERALDA DEL PURIO

Lindas e interesantes montañas que algunos intentan en la actualidad destruir para cantera de roca caliza, verdadero crimen que no debemos permitir teniendo en cuenta la enorme cantidad de reserva de roca que tenemos en nuestro territorio.

El Purio es el pulmón Este de Sagua La Grande y vida ambiental para Encrucijada, Calabazar de Sagua, El Santo y muchos pueblos circundantes., pero como si todo esto fuera poco, su rica fauna endémica, sus asombrosas y amplias cuevas, su belleza natural y sus leyendas lo convierten en el acto en un «Parque Nacional» o al menos en un «Area Protegida». Aquí existen varias leyendas de botijas y entierros, pero hemos elegido un clásico de la zona como representante de este libro mitológico.

En alguna ocasión de nuestra historia los piratas arribaron a las lomas del Purio para esconder uno de sus más preciados botines y registra la tradición oral que posiblemente aquí en el Purio exista uno de los más grandes botines que los hermanos de la costa lograron acumular en su larga historia delictiva de los mares del caribe.

Un enorme cofre o baúl de joyas, piedras preciosas, rubíes de descomunal tamaño y «oigan esto», «la esmeralda más grande de todas las minas» se encuentra sepultada en una de las amplias cavernas de la cadena montañosa del Purio.

Algunos afirman que este entierro se realizó en la «Cueva de los Argüelles» (donde está la Cruz de Argüelle) y otra vieja tradición afirma que se realizó en lo que hoy llamamos la Cueva de los Chivos. De ahí que durante varias generaciones del siglo XX se busque este tesoro con preferencia en ambas cuevas y por tanto existan «dos escuelas de buscadores».

El toque de excelencia a este tesoro lo ha dado «la esmeralda» que de no ser por ella, este entierro constituiría uno más de los tantos que nos brinda el rico folclor de Sabaneque. Pero una piedra preciosa de tamaño record aumenta su precio exponencialmente superando a cualquier tesoro por muy grande que este sea.

En los mogotes del Purio pasamos muchos días de campamento y aunque no encontramos a tan enorme esmeralda, sí pudimos admirar sus otros tesoros naturales, como sus increíbles cavernas, el curioso hecho de su «exagerada fauna» donde tanto majaes, como jutías, arañas y lechuzas poseen una talla muy superior incluso a nuestros estudiados Mogotes de Jumagua. Comprobamos además su virginidad cuando encontrábamos fósiles por todas partes como si nadie se hubiera interesado nunca de esta parte de sus tesoros.

Oremos porque El Purio y su grandiosa esmeralda continúen cautivando la mente de las futuras generaciones para que nunca pueda eclipsarse tan valiosa joya geográfica y folkórica de Sabaneque.

LA CUEVA DEL DIABLO

(La Cueva del Gas o El Tesoro de Brito. De mi *Diario de Exploraciones*)

—17 de Agosto de 1985—

«Apareció de pronto más allá de Caguaguas (Laportilla) una cueva fuera de lo común dentro de la antigua finca de Brito el cual, según la leyenda, escondió toda su fortuna (bastante grande por cierto) dentro de una cueva que luego tapió. Se habla de su gran inteligencia y algunos campesinos opinan que la cueva que ha aparecido posee una atmósfera envenenada a propósito por este señor para proteger su tesoro.

»Lo cierto es que unos cazadores de jutías (según dicen unos) fueron los que localizaron una tapia de hierro cubierta de piedras y al destaparla comprobaron que un gas insoportable se desprendía del boquete.

»La noticia llegó en el acto a nuestros oídos y sin pérdida de tiempo nos trasladamos hasta la zona, un área por lo general llana con pequeñas elevaciones donde pasta el Ganado (algunos dicen que ya campesinos de la zona la habían descubierto al cruzar con el Ganado en busca de caminos, pero mantuvieron el silencio). En una de estas elevaciones o montículos se encontraba la cueva en cuestión. Trasladamos el equipaje hasta la misma y planeamos el descenso...»

Hasta aquí la nota de mi diario tal y como lo escribí ese mismo día que apareció la que llamo «La Cueva del Gas» y que algunos creen que coincide con la vieja leyenda de Brito.

Nos cuenta la tradición de la zona que el señor Brito poseía una gran fortuna pero que además «se trataba de un guajiro muy culto» que había dejado dicho entre su familia que su fortuna la protegería una «trampa» muy sofisticada que nadie podría vencer. Por muchos años todo fue puro mito, pero el pasado 17 de agosto los espeleólogos nos encontrábamos ante un descubrimiento nuevo para Sagua. Una cueva con atmósfera irrespirable había aparecido. Para los soñadores «la cueva de Brito había aparecido». Todo coincidía aunque nosotros aún no lo queremos confirmar. No lo queremos admitir.

Con el nombre de «Cueva del Gas» bautizamos a esta interesantísima cueva existente cerca del poblado de Caguaguas en los terrenos de la antigua finca de Brito. Los más románticos prefieren llamarle «Cueva de Brito» o «Cueva del Tesoro» debido a que la tradición cuenta «que este señor escondió todos los ahorros de su vida en un lugar donde nadie podría penetrar y el que lo lograra no duraría mucho tiempo». Los más aventureros le llaman «Cueva del Diablo».

Sea cierta o no esta leyenda, el asunto es que en el corazón de esa antigua finca (en la actualidad un inmenso aromal) encontró fortuitamente esta cueva un campesino que habría paso entre la espesura, buscando nuevos caminos para su Ganado.

La cueva estaba tapiada con troncos y piedras y la vegetación se había encargado del resto. La curiosidad no tardó en apoderarse de los vecinos más inmediatos como tampoco tardó en aparecer la primera víctima de la diabólica cueva; su atmósfera resulta completamente irrespirable, pudiera decirse que está ocupada por un gas venenoso al punto de que en su interior no prolifera ningún organismo. «La vida en su interior es CERO».

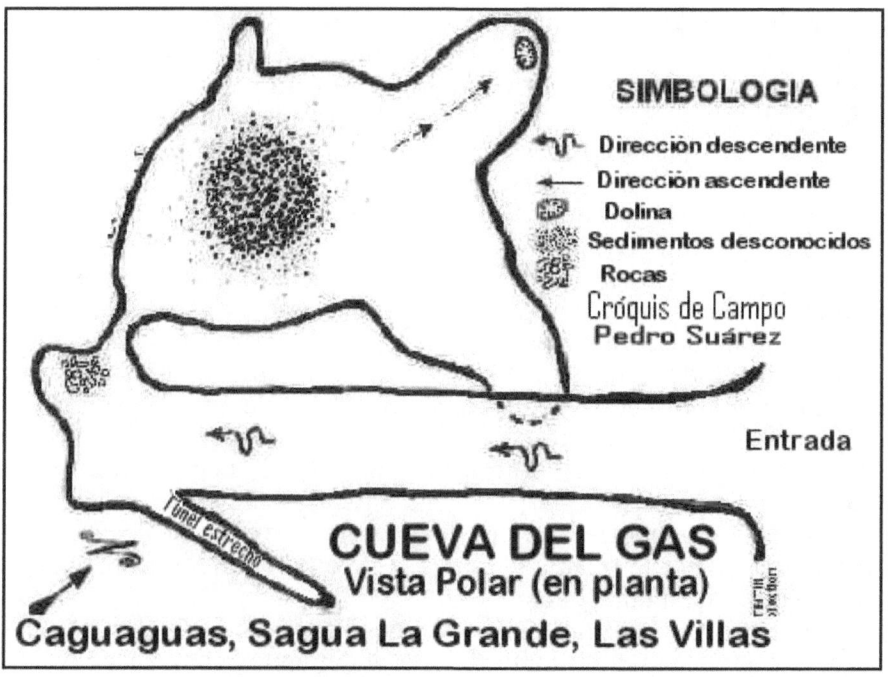

El descenso es imposible por debajo de los cuatro metros de su entrada. Este nivel se encuentra muy bien delimitado, lo que se puede comprobar introduciendo una antorcha por debajo del mismo la cual se apagará esta línea invisible. Lo mismo sucede si se lanzan pompas de jabón, pues se observa el curioso fenómeno de que estas se mantienen flotando en el nivel donde comienza la dañina atmósfera.

Las características de ese gas coinciden con el Dióxido de Carbono pero en realidad la geoquímica de dicha cueva en nada explica el origen del supuesto CO_2. Poco se sabe de lo que allí ocurre.

Tuve la gran oportunidad de ser el primero en recorrerla en toda su extensión con una escafandra de buceo, pues el campesino que lo intentó anteriormente, a pleno pulmón, salió muy mal parado (más bien «acostado). En mi descenso pude confeccionar el croquis (preliminar) de esta rareza espeleológica.

PRIMEROS INTENTOS DE RECORRERLA

Llegamos a la citada cueva Albertico Santana, Fidel Vila y yo con un botellón de oxígeno que pudimos llenar gracias a la gestión del Sr. Mario Santos; previamente Fidel Vila (Machy) había adaptado una larga manguera que terminaba en una máscara anti—gas rusa de las usadas en el ejército que otro amigo nos prestó, y por útimo el ingenioso Albertico Santana, con sus brillantes ideas de electrónica, le empotró un micrófono a la máscara para que el explorador pudiera tener comunicación con el exterior de la cueva mediante un largo cable conectado a un radio VF. «Es un verdadero traje de cosmonauta» –les dije a mis amigos.

Este descenso me tocó a mi pues siendo Machy el inventor y Albert el electrónico, ahora le tocaba el turno al espeleólogo. Me colocaron la máscara y abrieron la llave para probar la salida del aire oxigenado, todo estaba perfecto, Albert me pidió que hablara para chequear el audio pero resultaba que el exceso de oxígeno saliendo a presión le ocasionaba un ruido muy fuerte que no permitía oir mi voz claramente, por lo que les autoricé a bajar un poco la presión de salida hasta un nivel razonable donde yo pudiera respirar bien y a la vez ellos puedieran escucharme con claridad desde el exterior. Yo no podía oirlos a ellos por la misma vía pues el invento era de una sola vía, es decir yo no tenía audífonos.

Bajé unos metros por debajo del gas venenoso de la cueva y pude comprobar que aquello funcionaba perfectamente pues en ese nivel no habíamos podido permanecer en pruebas anteriores sin acualón. Les hablé y les dije que fueran bajando poco a poco el oxígeno hasta que yo les dijera, y este ajuste fue muy valioso para lograr que la transmisión se pudiera hacer. Subí de nuevo para saber si me habían escuchado bien y ellos afirmaron que ahora sí me oían con toda nitidez. Yo también los podía oir cuando gritaban.

El descenso fue paulatino según yo los guiaba. Fueron soltando soga, manguera y cable a la vez con precaución para comprobar que el gas venenoso no se hiciera más denso con la profundidad de la cueva y por tanto tuvieran que aumentarme el oxígeno. No noté ninguna diferencia cuando ya me encontraba por debajo de la mitad del camino pero lo que si notaba un poco empañado el cristal de la máscara lo cual disminuía mi radio de visión. Llevaba una luz frontal y una linterna en la cintura para emergencia pero tuve que tomarla y agregar su luz a la del frontal para poder ver por donde pasaba.

Por fín llegué al fondo y broméé con mis amigos: «Un pequeño paso para un Hombre, un gran paso para la Humanidad»... «Acabo de llegar al fondo»... —Ellos rieron un poco, brindaron con Viña 95 y acto seguido me bajaron el detector de metales con una soga, también me bajaron otra lámpara eléctrica grande con foco de automóbil pues mi visión era muy poca.

En el fondo del precipicio noté que la cueva tenía una ramificación hacia la derecha y les dije a ellos que me iban a perder de vista (si acaso me veían desde arriba) pues iba a caminar hacia el interior de otro salón lateral. La manguera se trababa un poco en las rocas y en ocasiones interrumpía el normal fluído del oxígeno al doblarse, por lo que les dije que la soltaran completamente que yo me encargaba de enrrollarla de forma apropiada para evitar contratiempos. Era muy importante tener control de la manguera pues en caso de una emergencia ellos podrían alar con rapidez sin que se trabara y por tanto se desconectara.

Todo el andamiaje que llevaba sobre mi cuerpo resultaba muy incómodo y decidí al menos safar la soga y amarrala en un sitio bien visible y práctico de alcanzar en caso de apuros. Con la manguera y el cable del radio también estaba muy incómodo para moverme libremente pero eran necesarios llevarlos conmigo.

Caminé unos pasos por el salón y comprobé que no era muy amplio pero sí alto. En medio de él descubrí una extraña loma de tierra que casi me llegaba a la altura del pecho, era una mezcla de granos blancos con otros grises y tomé una muestra para luego analizarla en el exterior. El calor era terrible en todo mi cuerpo excepto en la cara que estaba ventilada por el rico y puro oxígeno que me enviaba el tanque a presión.

Decidí bromear de nuevo y les dije: «Acabo de encontrar tremenda loma de tierra, si acaso está tapando algún tesoro este es bastante grande, así que voy a encender el aparato (detector)». Con el detector de metales escaneé toda la loma y sus alrededores pero el aparato sonaba todo el tiempo cosa que me confundía – «O se trataba de algún metal allí enterrado o el mismo gradiente de la tierra tenía componentes ferrosos». Cuando lo dirigía a las paredes no sonaba pero siempre lo hacía en el suelo.

Después de un prolongado tiempo rasteando la cueva y haciendo algunas calas de prueba, el calor, el agotamiento y el tiempo de vida del oxígeno me idicaron que ya era hora de subir hacia el exterior, así que les informé a mis amigos sobre mi decisión, amarré los equipos que ellos izaron y luego la soga a mi cuerpo que me llevó de nuevo al anhelado exterior. Allí chocamos las manos y les rendí mi informe espeleo—arqueológico (después de tomarme un jarro de vino).

Aunque la búsqueda fue negativa si tuve una vez más la oportunidad de realizar una fascinante aventura espeleológica como pocas veces se dan. No fue la última vez que bajé a la diabólica cueva pues con Alfredito lo hice por segunda vez (con muy mala suerte para él), y como este es un libro de curiosidades no contaré la parte espeleológica sino el raro fenómeno de «Coincidencia» que allí ocurrió.

SEGUNDA EXPLORACIÓN Y FENÓMENO DE COINCIDENCIA

Durante las exploraciones de la Cueva del Gas (o Cueva de Brito), el colega Alfredito del disuelto Grupo «Sabaneque» se enteró de mi viaje a dicha cueva y se apareció en mi casa con la idea de que la exploráramos de nuevo con aqualones autónomos y algunos equipos químicos que le habían prestado en Santa Clara para estudiar la extraña atmósfera. El pequeño tanque de oxígeno, usado por los bomberos, tenía una reserva final de escape, pero estando en el interior de la cueva todo se complicó y Alfredito agotó su reserva almacenada. Muy desesperado por no poder respirar en la diabólica cueva venenosa, se arrancó todo el equipo y aquí vino el accidente.

Comenzó a subir la empinada caverna conteniendo la respiración tratando de salir al exterior, pero en medio de su desesperación cayó al vacío desde una altura bastante considerable desplomándose en el fondo de la furnia muy cerca de mí que aún tenía reservas de aire. Los amigos de la superficie, en medio de gritos que aturdían mi mente, me tiraron una soga insistiendo en que no le diera mi oxígeno pues «podíamos morir ambos» y que lo ideal era que lo amarrara rápido, sin pérdida de tiempo, a dicha soga. Había caído a plomo desde gran altura con gran estruendo y yo estaba seguro que se habría fracturado algunos huesos (si no algo peor). Cuando me acerqué a él ya boqueaba y sus ojos muy abiertos reflejaban un verdadero horror. Yo también estaba horrorizado, casi congelado por la espantosa escena y no sabía qué hacer. Delante de mí tenía un amigo gravemente herido en lo profundo de una cueva vertical y ya me quedaba muy poco oxígeno en el tanque.

Desde arriba los demás miembros del equipo me gritaban pero yo no oía nada. La cara de espanto de Alfredito me tenía al borde del shock hasta que por fin reaccioné y lo amarré como pude a la soga. Inmediatamente los amigos lo izaron a plomo destrozándolo con las cortantes rocas de la satánica Cueva de Brito. Aquello me parecía una venganza de la leyenda, pero lo curioso vino después.

Salimos en nuestro camión a toda velocidad hacia Sagua con el cuerpo del colega de exploración completamente inactivo. Respiraba a bocanadas y de vez en cuando soltaba un prolongado quejido. Al llegar a Emergencia del Hospital, tomamos una camilla y salimos disparados a gran velocidad por el pasillo con el descalabrado amigo, pero aquí aparece la curiosidad ya que al lado nuestro y a la misma velocidad, otro herido marchaba en camilla como si tratáramos de competir por llegar primero al cuerpo de guardia.

Se trataba de un anciano que todo ensangrentado lo habían traído del Puente Militar de Sagua donde se había accidentado. Con nuestra desesperación por llegar rápido al doctor no nos percatamos de la gran coincidencia que el destino nos deparaba, solo al llegar a la puerta de emergencias nos dimos cuenta de tan siniestra sincronización temporal: «El Viejo que arrastraban paralelo a nuestra camilla era Alfredo, el padre de Alfredito, nuestro accidentado». Todos quedamos pasmados ante esta insólita jugada del destino. !Padre e hijo, en diferentes sitios se habían accidentado al mismo tiempo!.¿Era esto normal?. ¿Tiene la ciencia alguna explicación para esta simultaneidad de acontecimientos?.Nos explicaron los acompañantes de Alfredo—padre que se había caído en la barranca del puente de Carrillo a eso de las 11 y 10 de la mañana y aquello nos resultaba en extremo asombroso pues Alfredito también había caído al precipicio de la cueva a esa misma hora. ¿Por qué extraña razón padre e hijo van a sufrir un accidente a la misma hora en dos puntos completamente distantes en la geografía?.

Para el futuro estudio queda este fascinante relato de «Sincronización» que no es una leyenda sino que por su caracter algo sobrenatural, ligado a su vez a la leyenda de Brito, merece que lo incluyamos en esta recopilación de curiosidades que han ocurrido en nuestra Villa del Undoso. Su fecha fue 25 de septiembre de 1985 y todos sus protagonistas están disponible aquí en Sagua para ofrecer su versión. Y la pregunta queda…

¿Pueden dos almas que se aman comunicarse en momentos de desgracia?. ¿Existirá en realidad el llamado «presentimiento»?

Accidentados: Alfredo Pérez Pérez (Padre) y Alfredito Pérez Carratalá (hijo).

BOTIJA DE AMARO[4]

Botija con onzas, medias onzas y doblones escondida en unas pequeñas elevaciones cerca de Amaro. Existen otros datos que bien pudieran indicar que de existir dicho entierro, ahora se encontraría bajo las aguas de la actual Presa Alacranes.

TESORO DE LA SIERRA
Uno de los entierros de Pepe Cuca.

Unos capítulos atrás vimos la historia de Pepe Cuca, el bandido más buscado en la Sagua del Siglo XIX. Entre los tantos tesoros que este escurridizo personaje manejó a lo largo de toda la jurisdicción, se hablaba del botín que sepultó en un sitio de La Sierra cerca del antiguo camino hacia el nacimiento del río Caña.

LA FORTUNA DE AZPIRI (SANTO DE AZPIRI)
EL TESORO DEL DUEÑO DE «LA PASTORA»

La mitad de la enorme fortuna declarada por el rico dueño del ingenio La Pastora en 1880, nunca ha aparecido y sus propios familiares la buscaron por muchos años a principios del siglo XX.

---

[4] Nota: No sabemos a que fecha o época pertenece este reporte, pero si debemos subrayar algo que es bien conocido por los sagüeros; según la tradición oral, en estos mismos terrenos se encontró una botija repleta de monedas de oro y con ella el afortunado pudo realizar el sueño de su vida: pagarle a un Arquitecto para que le construyera el magestuoso Hotel Telégrafo ubicado en la calles Céspedes entre Martí y Padre Varela (más tarde el Sagua Yacht Club) de Sagua La Grande en 1872.

El viejo vizcaíno Don José Azpiri era muy famoso en Sagua La Grande debido a que en su finca La Pastora, en la margen derecha del Río Sagua, se celebraba todos los años (los días 19 de Marzo), su Santo, con un enorme festejo que reunía a cientos de personas como si se tratase de un carnaval. Algunos le llamaban «La Fiesta de la Pastora» y otros «Santo de Azpiri», ese día nadie trabajaba en toda la Finca y sus alrededores, Don José hacía un verdadero derroche de su fortuna complaciendo a todos los presentes con bebidas, picaditos y luego con un excelente banquete y baile. Su tesoro enterrado se ha calculado en «varias botijas» repletas con monedas de oro.

DESCUBRIMIENTO EN EL CENTRAL «ATENAS»
(Diario de Campo)

Personalmente la leyenda más interesante dentro de «los tesoros» de nuestra recopilación, ya que la anoté en 1976 y ocho años después, en 1984 recibimos la asombrosa noticia de que esta historia había coincidido increíblemente con la realidad. No solo era yo el que poseía esta leyenda, pues la había compartido con los amigos Fidel Vila y Alberto Santana, los cuales las tenían debidamente clasificadas en sus archivos para así poder hacer sus búsquedas en el terreno de forma organizada, y lamentablemente habían decidido dejar «este tesoro» para un futuro pues existía un «orden de prioridad» en otras leyendas más interesantes.

De no existir estos dos testigos, nadie hubiera creído lo ocurrido.

En mis viejas anotaciones tenía lo siguiente: «Barrio de San Valetín», Quemado de Güines, botijuela con 50 mil pesos-oro enterrada en 1850 en la casa de vivienda del destruido Central Atenas tiene arriba ladrillos».

Esa era toda la información que poseía y en verdad no era muy atractiva al ser «tan exacta» y si tenemos en cuenta que otras leyendas resultaban más interesantes en nuestro catálogo. Recuerdo que en nuestra reunión inicial para salir al campo con el detector de metales, este mito quedó relegado casi al final de nuestro orden de búsquedas, ya que «un poco más—decíamos en aquel entonces— y nos señalan con una cruz el sitio de la botija», «esto no puede ser»...

No puede ser y fue. Una mañana se me apareció Fidel (Machy) en la casa con la noticia. «Había aparecido una botija repleta de monedas de oro en la que fuera la casa del dueño del demolido central (o Ingenio) Atenas»— me decía el amigo con no disimulada tristeza— «Según se comentó en la prensa, la gran vasija de barro apareció empotrada en la pared de la abandonada casona cuando unos vecinos del lugar desmantelaban la pared de ladrillos para su uso personal».

Nuestro nuevo detector al que llamamos "de las cajitas" el cual consiste precisamente en dos cajas: emisora y transmisora.

Aparecen: Daniel, Albert y Machy (Foto: Tintín -1985)

Aquello era el golpe más fuerte que podíamos recibir, pues resultaba pasmoso saber que «Nosotros teníamos esos datos anotados desde ocho años atrás en una simple libreta de leyendas».

—Perdimos —me dijo Machy.
—Nos dieron alante —recalcó Albertico.
Pero había que continuar aunque no fuera día de fiesta.
El lado positivo —les dije— es que ahora sabemos que «no todo en nuestra libreta son puras leyendas de viejas; ahora más que nunca debemos seguir discriminando la realidad de la fantasía y aceptar que ninguna historia es mejor que otra por muy adornada de baíles, coronas y crucifijos macizos que esta esté. De ahora en adelante vamos a rastrear hasta la más absurda de las leyendas.

Y ese mismo día sondeamos con nuestro sabueso electrónico la casa de nuestro querido amigo el escritor y soñador Jorge Peraza García en Colón # 20 que cien años atrás sirviera de cuartel a los españoles y donde se dice que existe un túnel por debajo…

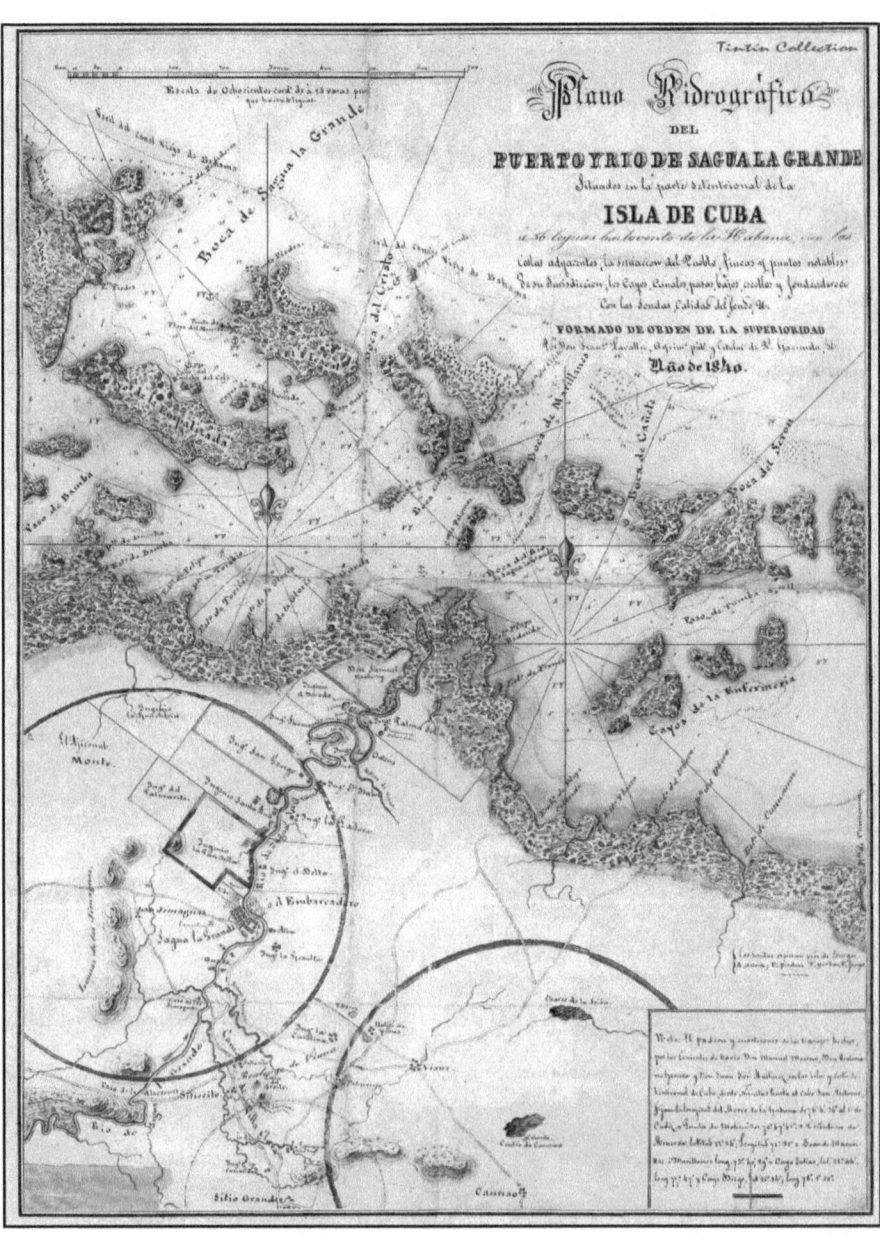

LEYENDAS RURALES

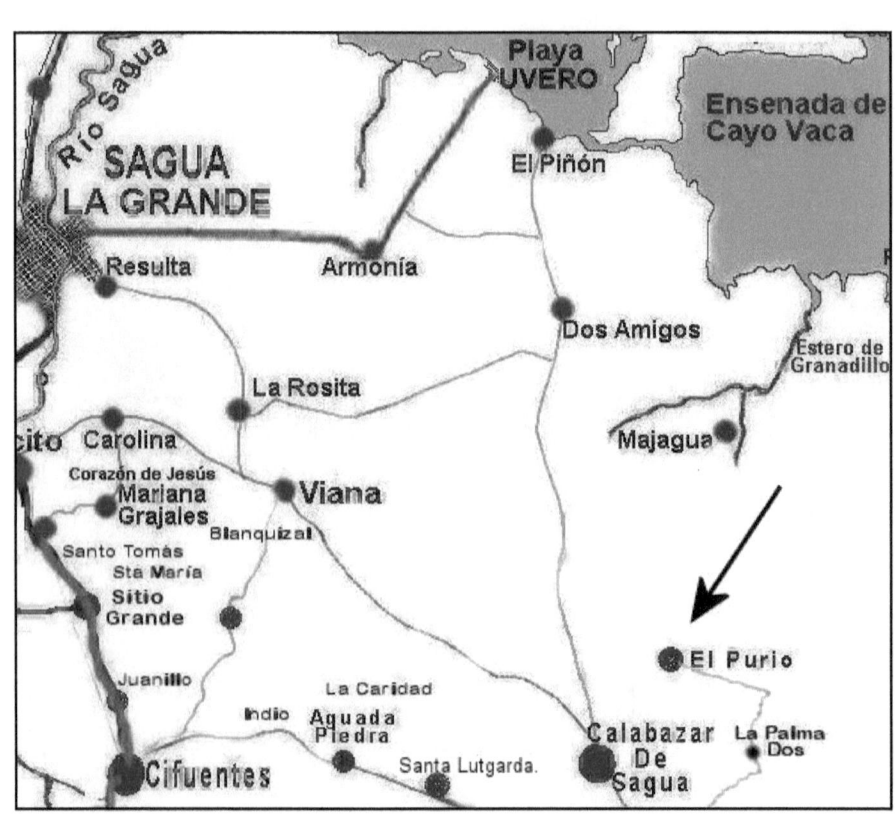

EL ESCLAVO DEL PURIO

Insólito fue el descubrimiento de 1918 en unas de la Cuevas del Purio donde un negro esclavo (cimarrón) muy anciano aún huía de sus antiguos y crueles amos.

Por muchos años se venía corriendo la historia por los vecinos de estas interesantes montañas de que por allí se vía a cada rato a «un negro prieto con gran pelambre y barba blanca que escapaba despavoridamente de todo aquel que lo descubría». La leyenda no era muy creída debido a los pocos testigos que existían, pero en cierta ocasión muchos trabajadores del Central «El Purio» pudieron constatar la veracidad del mito.

Pocos años después el moreno fue capturado comprobándose de que se trataba de un fugitivo desde la lejana época de la esclavitud.

¿Qué edad podría tener aquel pobre hombre que aún escapaba de la opresión?

Su arrugada piel mostraba muchísimos años de vida; sus uñas eran muy largas y prietas y la planta de sus pies habían endurecido como una roca.

El increíble ser se alimentaba de yerbas y según sus captores trepaba por las cuevas y árboles con la agilidad de un mono a pesar de su notable edad.

El hombre del Purio fue albergado en el Asilo de Ancianos de Sagua aún por mucho tiempo.

RAREZAS ZOOLÓGICAS

Durante nuestras exploraciones zoológicas en todo el territorio indio de Sabaneque, nos hemos encontrado con infinidad de casos dignos de atención pues sin pretender adentrarnos en algo tan poco creible, lo hemos tenido que afrontar a fin de cuentas.

El clásico «majá de dos cabezas» nos es tan común que ahora ni las leyendas nos emocionan. Estas culebritas las hemos encontrado en varios rincones de los Mogotes de Jumagua, así como en las Lomas del Mamey, además de algunos reportes y donaciones de campesinos y amigos.

En cierta ocasión me trajeron a la casa un curioso ejemplar de anolis (lagartija) de dos cabezas el cual conservé por algún tiempo

hasta que con mi torpeza, al extraerlo de su jaula, se me escapó dolorosamente. Por ahí por los patios de Gonzalo de Quesada # 48 deben estar sus genes circulando, pues la actividad del animal era completamente normal, aunque no se si su extraña figura de dos cabezas ha podido atraer al sexo opuesto.

Aunque no he tenido la oportunidad de comprobarlo, me han contado algunos campesinos que existen también jicoteas (tortugas fluviales) con dos cabezas que a menudo son descubiertas en ríos, arroyos y lagunas de los alrededores de Sagua. Al parecer los reptiles son los abanderados en cuanto a este fenómeno, pero los reportes no faltan en aves y mamíferos.

Debo aclarar que aunque incrédulo en este aspecto, no puedo evitar de narrar el relato de un viejo pescador de Caibarién durante mis trabajos de taxidermia para el actual Museo del Mar de Cayo Conuco (1984). Este me certificó, con palabra de caballero, que existía un flamenco en Cayo Francés, el cual poseía dos largos cuellos.

Claro que aunque increíble, debemos aceptar que estas son especies en «menos contacto» con nosotros, por lo que se nos hace más difícil la evaluación y por tanto más difícil la aceptación. Hemos visto cientos de individuos reunidos en una sola colonia donde sus cuellos se confunden como si se tratase de un inmenso campo de cañas. También se me trajo a mi taller de taxidermia una langosta de color azul intenso que en algunos bordes se convertía en un resplandeciente azul prusia, algo extremadamente raro. Comentan los viejos «las gallinas sin plumas» que después de un Tornado o Ciclón aparecen cacareando en «carne viva». Mi familia las ha visto, reportes tenemos decenas de ellos; el ciclón no se las lleva, pero sí se lleva sus plumas. El Aura Tiñosa blanca fue otro de nuestros emocionantes capítulos en las interesantes lomas de El Mogote; pudimos verla en varias ocasiones junto a sus negras amigas pero ningún cazador pudo cazarla.

Más cercanos a nuestra vista están los mamíferos domésticos. Aunque la medicina veterinaria los constata con más frecuencia la noticia no trasciende, quedando relegada a un pequeño grupo de curiosos y olvidada en su época. Fue a principios de los ochenta que se nos presentó la oportunidad de observar uno de estos fenómenos en un carnerito nacido en una finca en las afueras de Sagua. El pequeño monstruo, con un solo cuerpo perfectamente definido, exhibía dos cabezas las cuales no se ponían de acuerdo en la armonización de toda la estructura. Después de disecarlo tuvimos la oportunidad de tomarle varias fotos.

«La mano del Diablo» (frase que copié de un campesino) también mostró su toque burlón en un pajarillo del género Crotophaga, al que tradicionalmente llamamos «judío». Este animalillo, capturado y exhibido en Corralillo tenía la particularidad de que !hablaba! como si se tratase de un loro o cotorra. El caso ha quedado para la posteridad grabado en una cinta magnetofónica.

Carnerito de dos cabezas que disecamos en 1985.

Casos, quizás insólitos para el profano, son los animales cavernícolas como los camarones, cochinillas y peces ciegos. Estas criaturas, desprovistas de todo vestigio de órgano visual, no representan casos aislados a diferencia de las antes mencionadas; aquí la providencia decidió una misma suerte para todos los de su género como también es el caso del «alacrán sin cola» al que tecnicamente se ha optado por llamar «pseudoescorpión».

En el caso de los Peces Ciegos hice un trabajo de relocalización en la zona de Cajío, Habana en 1978 el cual presenté en el VII Forum de la Facultad de Biolología cuando cursaba mi primer año de la carrera en la Universidad de La Habana y allí consulté a algunos profesores los cuales coincidían en que los viejos reportes siempre los ubicaron en las provincias occidentales, aunque existían reportes no verificados en otras regiones de la isla, pero jamás los he podido encontrar en el norte de Las Villas, aunque dicen campesinos del área que en las Cuevas del Mogote existen estos raros animalitos.

Robertico con un chipojo capturado por él en el río

Hemos pasado grandes veladas en Cueva del Agua y del Laguito sin obtener el más mínimo resultado; en la Cueva del Laguito solo descubrimos lo que hemos llamado «las guabinas bobas» ya que estos dóciles pecesillos se dejan acariciar con la mano sin el más mínimo síntoma de desconfianza, y las «jicoteas ahogadas», extraños casos de muertes en masas de estos anfibios tan adaptados al mundo acuático pero que, al parecer, en estos largos túneles subacuáticos no logran alcazar la superficie a tiempo para tomar su ración del necesario oxígeno. Recomendamos a los jóvenes exploradores que no dejen de visitar esta interesante caverna de los Mogotes de Jumagua para que vean, durante el bajante, un siniestro museo de jicoteas inmóviles sobre las oquedades de las paredes y unos mansos peces bobos que se dejan atrapar con las manos.

Como si se tratase de un «consultorio de rarezas» me acostumbré a la visita habitual a mi casa por parte de personas y muchachos del barrio con sus trofeos del día.

A mis manos ha llegado decenas de veces ejemplares con tallas exageradas, el Sminthillus limbatus (la ranita más pequeña del mundo) con solo unos milímetros en su estado adulto; zunzuncillos, jutías y murciélagos blancos, lagartos de dos colas y con dos cabezas, estrellas de mar con seis y más puntas.

Pero el caso más insólito me llegó una mañana cuando un amigo me hizo madrugar para que fuese urgentemente a Isabela de Sagua, !Había aparecido en la costa un extraño animal al que «ni los viejos lobos de mar habían podido identificar!…Me llevaron en un sidecar y por las descripciones iniciales durante el trayecto me parecía ver algún tipo de raya o manta, aunque las descripciones también coincidían con las de un molusco. Yo había escogido algunas claves taxonómicas que creí adecuadas para la identificación del especimen, pero de nada me sirvieron…

Llegar a Isabela y localizar el sitio de exhibición no fue dificil, ya todo el poblado conocía la noticia del día y una muchedumbre se conglomeraba alrededor «del bicho», excelente pretexto para esquivar la monotonía de sus actividades diarias, pero todos especulaban, nadie podía identificar «aquella cosa» que flotaba ahora en una cubeta. Por mi parte carecería de imágenes si intentara describir mi verdadero asombro.!Una extraña criatura carnosa con perfecta simetría escapaba a toda lógica!. !Sin ojos, boca, oídos u otra apertura corporal ¿Podría ser aquello un animal?…¿Qué otra cosa?. Tenía rostro pero sin ojos, el hocico pronunciado pero sin orificios nasales, un par de apéndices como las orejas pero sin conducto auditivo, dos aletas laterales y una pequeña colita pero sin orificio anal y una abultada bolsa en su lomo que más tarde comprobé se trataba de un depósito de tinta lo cual lo acercaba a los moluscos pero solo eso: «acercaba». Muy lejos estaba de ser un molusco conocido, pero lejos aún de ser «un animal conocido».

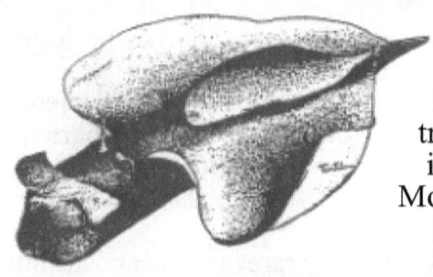

Los viejos pescadores que me rodeaban me miraron con aire triunfal; «si ellos no pudieron, cómo iba a poder yo», y tenían razón, «el Monstruo de Isabela» nunca se ha podido identificar pero ha quedado en los anales de las Ciencias Naturales como un caso grado «A», digno de atención, lo que nos hace repetir una vez más que «la Villa del Undoso está rodeada de interés». Increíble es decir que no pude conseguir un rollito de fotografía en toda Sagua La Grande del siglo XX, pero sí he dibujado con el más mínimo detalle a este fascinante prodigio que aún conservo (bastante descompuesto) en un pomo de aguardiente. Cartas con el dibujo he enviado a muchas Universidades del planeta, pero nadie ha respondido; «quizás me consideren un loco con ganas de entretenerse con ellos», pero toda Sagua e Isabela es testigo de este curioso evento que ha sido la principal noticia biológica de los años ochentas.

Inquieto por este extraño fenómeno me he dedicado a revisar la literatura Criptozoológica (especialidad que debo confesar nunca me ha interesado) encontrándome que los «incomprendidos» criptozoólogos se han cansado por décadas de reportar misterios semejantes, trabajo muy heroico en un planeta tan incrédulo.

El clásico de este tipo de literatura lo es el que se ha dado a llamar «Monstruo de Tasmania», una extraña criatura o masa peluda que una mañana posaba en la playa ante la mirada atónita de un público que no podía creer lo que veía. Al analizar las fotos y dibujos que se hicieron de este ser, he captado una increíble semejanza con el que tuve la oportunidad de estudiar en Isabela de Sagua. Sin tener en cuenta su total diferencia en cuanto a FORMA, el resto de las características coinciden notablemente. Cabe la posibilidad que estemos ante la presencia de embriones de unas formas de vida desconocidas para la ciencia. Reportes de estas criaturas tampoco escasean.

La serpiente marina es el clásico representante de los seres legendarios de los mares del norte. Encontrándome en Nueva Escocia y a la altura de Terranova, enviado por el periódico «La Calle» de Nueva York, tuve la ocasión de recopilar muchas de estas historias en boca de pescadores que hemos archivado en cintas de audio. En Glucester (Massachussetts) cientos de personas presenciaron una de estas que media unos 20 metros muy cerca de la costa; en la mitología escandinava se le conoce con el nombre de «Skrimsl». Pero existen leyendas de pescadores sagüeros que también la han reportado (ver: LA SERPIENTE MARINA), aunque esto solo lo hemos anotado en la sección de Leyendas de nuestro Archivo, de ninguna manera lo afirmamos.

Un barco de investigación danés capturó una enorme larva de anguila la que se estimó que en su estado adulto alcanzaría unos 27 metros según la proporción observada en otras especies normales de anguilas. Una noticia poco difundida fue la de una criatura gris de unos 134 centímetros que se descubrió en las orillas del lago Ryzl y que el informe de la Academia de Ciencias de Uzbekistán la describía como un ser con forma simiesca con un abdomen extremadamente prominente. Este informe ha quedado en el silencio desde entonces siendo un caso que coincide con nuestro Güije sagüero. (ver: EL GÜIJE).

Otra extraña forma de 35 toneladas y 9 metros de longitud fue encontrada cerca de Tecoluca, Méjico y un raro animalillo aparecido en San Carlos, costa pacífica de Panamá, puso en jaque a las autoridades científicas que no quisieron hablar más del asunto.

Al parecer los «animales inclasificables» continuarán siendo «monstruos» y no traspasarán las barreras del mito mientras no nos decidamos a eliminar ese tabú que nos impone nuestra rígida y esquemática ciencia. El temor al ridículo y la burla ha retardado el descubrimiento de muchas especies como sucedió a principios del nuestro siglo XX con aquel «monstruo imposible» que reportaban los periódicos de Europa desde Australia; se trataba de un ser peludo con pico de ave que ponía huevos y luego !amamantaba a sus crías!; la ciencia no podia de ninguna forma aceptar aquello, incluso no se aceptó un ejemplar disecado, pues «podía tratarse de «un truco taxidérmico» (qué podríamos esperar de nuestro humilde dibujo). Ahora cualquier niño puede deleitarse con «el monstruo imposible» deAustralia, ya que en la actualidad lo poseen la mayoría de los Zoológicos del mundo y lo llaman «Ornitorrinco», un animal mitad mamífero mitad ave...

Nada; que en ocasiones los Mitos son Reportajes.

LA MOMIA DE SAGUA

A mediados del siglo XIX existía en Sagua un curioso secreto que solo murmuraban algunos en voz baja:... !en el ingenio San Jorge existe un cuerpo humano embalsamado en una tumba de crista !...¿Sería esto una historia real o solo se trataba de un intrigante cuento de viejas?. La población promedio nunca lo sabría ciertamente, pero dentro de la alta clase social de la Villa sí se manejaba la noticia de que Don Jorge Barttle había sido momificado y acomodado en una habitación del antiguo ingenio.

Don Jorge Barttle había sido un pionero en el cultivo de la caña de azúcar desde 1835 y conocido como el primer dueño del ingenio San Jorge en las márgenes del Undoso, entre Sagua e Isabela. A su muerte fue embalsamado y puesto en una urna de cristal en un oscuro cuarto de la casa del ingenio; de esta forma, la figura disecada del rico hacendado, perfectamente embalsamada e impecablemente vestida, posó por muchos años ante los asombrados ojos de ilustres sagüeros con acceso a la finca que desfilaron por allí con el permiso de Don Agustín Hermenway el último dueño del San Jorge.

Con la demolición del ingenio a finales del siglo XIX, Mr Hermenway decidió construir un enorme sarcófago de caoba para así proteger a la frágil urna de cristal y poderle dar cristiana sepultura a Mister Barttle y más de un siglo ha transcurrido sin que las actuales generaciones volvieran a oir este apasionante relato.

La leyenda siempre nos interesó y en secreto,con pretextos aborígenes,siempre realizábamos las excavaciones en amplias áreas de la zona de los ingenios coloniales teniendo en cuenta la posibilidad real de esta tradición. Es conocido la gran cantidad de sitios aborígenes que nuestro Grupo «Sabaneque» halló en esta región, pero nunca nos tropezamos con el gran sarcófago de caoba que nos permitiría «conocer de cerca» a tan interesante personaje histórico de Sagua La Grande.

Nunca se ha encontrado a la centenaria momia sagüera,pero «en un sitio cercano a la gran casona de vivienda del antiguo ingenio San Jorge sigue durmiendo, con su impecable traje del siglo XIX, Don Jorge Barttle al que muchos atribuían «el camino del inglés», primer sendero entre Sagua e Isabela…

LOS CHINOS ESCLAVOS

En una casa de la calle Independencia en Isabela de Sagua, algunos vecinos de diferentes épocas ven aparecer en algunas oscuras noches de luna nueva, la repetida y sangrienta escena, que de forma fantasmal, muestra a unos endiablados chinos con una cabeza sangrienta en sus manos. La terrible manifestación ha asustado a muchos dueños del lugar los cuales han decidido mudarse al igual que a vecinos ya que en algunas épocas este lugar ha sido un abandonado solar.

Algunos testigos, ajenos en sus historias, coinciden en que los asiáticos se ven enfurecidos con la punta exterior de sus cejas muy elevadas hacia la frente y el rostro completamente enrojecido. Misterios del universo que en muchas ocasiones sorprende a la ciencia pues de forma insólita, ninguno de estos videntes ha sabido de antemano que allí se fusilaron durante la época colonial a 8 chinos que se dice asesinaron a su mayoral que los trataba cruelmente.

Cuenta la historia que a mediados del siglo XIX estos chinos esclavos trabajaban bajo brutales condiciones en este sitio que era el batey de la casa Larrondo y que un buen día, no soportando más los maltratos de su severo amo, todos decidieron combinarse para ajusticiarlo y con los instrumentos con que elaboraban, lo destrozaron a guatacasos y picotazos dejándolo tirado en el lugar hasta que la guardia tomó cartas en el asunto y el Jefe de la Plaza de apellido Ponce de León declaró culpable a 8 de los chinos los cuales fueron fusilados y enterrados instantáneamente en el mismo paraje del asesinato. Muchos años después se descubrieron los esqueletos de los desafortunados cuando se realizaba una excavación para construir un pozo.

Al parecer los salvajes acontecimientos de sangre liberan una intensa y desconocida energía que impregna los átomos del lugar con una aterradora película que hemos de ver repetidamente en el transcurso de los siglos, dicen algunos. Pero los estudiosos del más allá afirman que las pobres almas sin rumbo de los principales actores del pecado, quedan atrapadas sin descanso a veces por largos siglos, hasta que algún sortilegio, exorcismo o noble gesto libertador rompe el círculo vicioso a que son sometidas las almas en pena. El ciclo de los chinos esclavos de la Isabela aún no se ha roto y el espanto ha de seguir, quién sabe, por cuánto tiempo más…

LA POZA DE LA VIEJA TRABUCO[5]

Es éste, el nombre que recibió y aún conserva, un pequeño tramo del río Sagua, en su margen derecha, y muy cerca de los chorrerones del Hicacal, donde sus aguas forman un recodo para que el cauce bordee la parte sur de la población.

En este lugar formó el río un remanso, facilitando así, un excelente baño a los muchachos que uníanse diariamente formando grupos que salían de la ciudad en busca de los deleites de las aguas del Undoso y de la víctima de sus maldades. Vivía allí en aquel tiempo una campesina de alma varonil, cuya diversión era derribar con su hacha, el árbol del tronco más grueso y arar las tierras con el arado que mayor surcado hiciera.

Comienza así el origen del nombre del remanso: «Poza de la vieja Trabuco», porque comienzan también los episodios que se recuerdan aún: LA VIEJA TRABUCO Y LOS TRAVIESOS MUCHACHOS, encontrando ellos en dicha poceta el centro de sus diversiones como nunca pensaron hallar en un baño natural del río Sagua.

Muy cerca de la poceta comenzaba una pequeña finquita, propiedad de esta rara campesina, que aunque rara, ocupábase solo, del bienestar de su escasa familia y de los cultivos que en su tierra realizaba.

Comienzan dichos sucesos, porque no haciendo caso, los muchachos que allí se bañaban, de la poca distancia que los separaba de la casa de la robusta campesina, bañábanse sin otro traje que la piel al aire libre. Aquí empezaban los retozos y los juegos que ellos mismos formaban, tales como el de la «corúa» que consistía en imitar al ave marina que se sumerge para atrapar la presa... y así llevaban a cabo algunos más. Otras veces corrían por las orillas diciéndose toda clase de palabras mal oídas, hasta que llegaban a oídos de Doña Rufina —que así se llamaba— molestándola de tal modo que no podia menos que acudir a donde los «bribones» se bañaban, yendo con su indumento propio: zapatos de baqueta y machete en la cintura; los amenazaba, les repetía las palabras, y muy a menudo tenía que darse un baño nada refrescante porque los perseguía hasta que se perdían de vista, después de decirse las injurias propias del caso, teniendo doña Rufina que cruzar la poceta a nado.

---

[5] Recopilada en 1940 por los alumnos del Instituto de Sagua La Grande.

Estos espectáculos incitaban la maldad de los «canallas» quienes no faltaban un solo día a la poceta para gritarle a doña Rufina, «Trabuco», sobrenombre que le asignaron por su voz fuerte y ronca y por las amenazas de que los hacía objeto.

Así fueron sucediéndose día a día dichos sucesos, hasta que algún tiempo después, quizás por este motivo, quizás por otro, doña Rufina Rodríguez tuvo que abandonar su finquita e irse lejos de quienes le proporcionaban tan malos ratos y tantas maldades que no merecía.

Ha seguido con el nombre de «La poza de la vieja Trabuco» solamente el lugar, porque la poza no existe rellenada por deposición de las aguas del río. Y en la brillante finquita que cultivara doña Rufina, solo queda para no olvidarla, algunos árboles que ella con su arado y su machete cultivó.

LEYENDA DEL ARROYO TERNERO[6]

Cerca del Barrio «La Jagüita» existe un bello arroyo que en la serenidad de sus aguas oculta su perfidia por entero. Bello, si, para aquel que su vista recree en él, pero para el desventurado que atraído por sus dotes naturales ose penetrar en él por cualquier motivo, para ese;pronto se revela toda la maldad y el veneno, el castigo por decirlo así, que envuelve a ese arroyo a simple vista…!Maravilloso!

El fatal arroyo al ser creado por el ser supremo le fue asignado un terreno de fango movedizo que no resiste el menor peso…cierto día, un campesino que hacía el viaje con cuatro bueyes que tiraban de una carreta cargada de caña ignorando la consistencia del terreno, se aventuró a atravesar dicho arroyo. Tan pronto como el infeliz hombre acompañado de sus cuatro bestias con el cargamento penetró en el arroyo, comenzó a hundirse lentamente en el lodo.

Todas las esperanzas eran vanas, todos los esfuerzos realizados por ese hombre y sus cuatro bueyes fueron estériles, pues a medida que hacían o buscaban algún modo de librarse de la muerte que los acosaba con su faz sonriente para aventurarlos en su seno, solo conseguían enterrarse más y más y así poco a poco, enloquecidos hombre y animales por el dolor que les ocasionaba ver como iban a ser sepultados vivos fueron desapareciendo totalmente.

Mucho se habló de este suceso dramático, pero como todas las cosas, al cabo del tiempo nadie más se volvió acordar de este episodio

---

[6] Recopilado en 1940 por los alumnos del Instituto de Sagua La Grande.

hasta...un día un caminante acertó a pasar por dicho arroyo y veloz corrió despavorido dando gritos de horror. Al llegar dicho personaje donde otras personas y ser interrogado de la causa de su pavor el interpelado respondió que al llegar al arroyo había visto como un hombre acompañado de cuatro bueyes y una carreta se hundía en el fango, haciendo esfuerzos supremos por salvarse. Después de esto otros viajeros han afirmado ser testigos de la misma escena; de ese arroyo que sirvió de tumba a esos desgraciados que tuvieron muerte tan trágica y horrible. Hoy... años han pasado, pero el hecho no se ha olvidado como antes pues queda ahora esta triste leyenda que viene a recordar a todos, el triste fin de unos humanos.

LA LEYENDA DEL SÁBALO[7]

Sagua La Grande es una población pródiga en leyendas, una de las más conocida es la del «Charco del Sábalo».

El caudaloso río Sagua tiene su parte más profunda al comenzar la calle Colón, antiguamente calle Real, y era aquella parte profunda del río la que los antiguos sagüeros llamaban «charco del sábalo». Entre ellos había la creencia de que allí habitaba un sábalo de grandes dimensiones; muchos pescadores que lo vieron le calcularon un tamaño y peso enorme.

Era un pez que no intentaba hacer daño, jamás hizo mal a nadie y cuando estaba cerca de la orilla o en la superficie del río y se aproximaba algún hombre o animal, el ruido de las aguas denunciaban que un cuerpo de gran peso se revolvía en ella, y lentamente se alejaba, calmándose las aguas.

Durante el día se ocultaba en la oscuridad que proyectaban los güines que crecían espesos en la orilla del río, o debajo del cantil que tenía el charco en su parte más profunda.

Aseguraban los vecinos que de noche se oían grandes bufidos que daba el animal al salir de las aguas.

Cuando perseguía la lisa u otro pez, parece que para alimentarse, y se acercaba a la orilla, por el paso del «paso real», la ola o marejada que levantaba en las aguas, era sorprendente.

---

[7] Recopilado en 1940 por los alumnos del Instituto de Sagua La Grande.

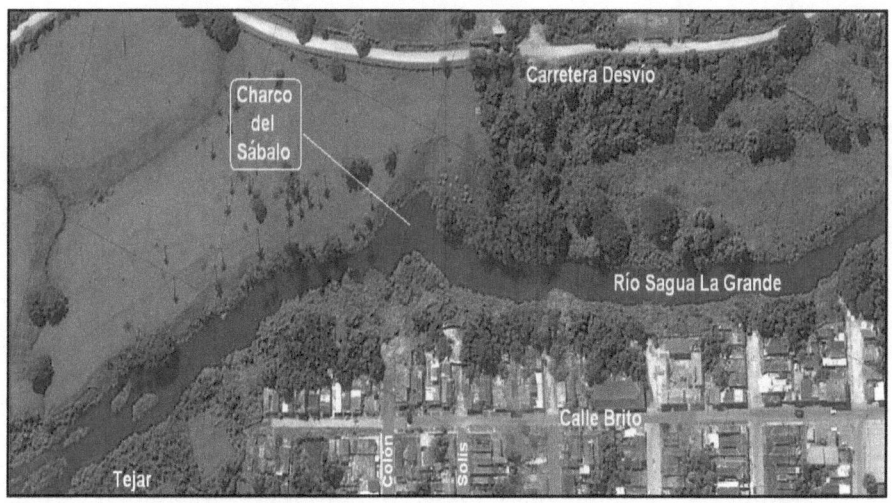

Varias personas intentaron pescar al sábalo, pero él no les hacía caso a la «carnada» que le tiraban, y un día un pescador famoso, y gran nadador sagüero, llamado Pepe Artigas, se propuso pescarlo, pero con un arpón, y cuando lo tuvo al alcance de su poderoso y certero brazo, el taimado sábalo le dió un coletazo al agua, empapando al pescador, y lo único que éste pudo lograr, fue arancarle una gran escama, que era del tamaño de un plato pequeño.

Parece que con el transcurso de los años, el sábalo, aprovechando una de las crecidas del río se fue al mar, y no se le vio más, y el único recuerdo que se guarda de esta leyenda es el nombre que se le dió a ese lugar del río: «El Charco del Sábalo».

Hasta aquí lo recopilado por los estudiantes del Instituto, pero debemos agregar que las tallas de los sábalos en el río Sagua La Grande son algo anormales si se compara con las de otros ríos de la región Sabana y Sabaneque según afirman los pescadores fluviales. Yo recuerdo en 1973 o 74 la imágen de Juan, un pescador residente en la calle Solís entre Brito y Gonzalo de Quesada, salir del Charco La Palma con un enorme sábalo a sus espaldas que arrastraba la cola por la calle y detrás de él corrían gran cantidad de muchachos no acostumbrados a ver semejantes tamaños en nuestro pequeño río. En la actualidad estas poblaciones de sábalos ya comienzan a disminuir.

LA CURVA DE SANTO

Los autoestopistas tienen en Sagua varias leyendas, pero esta es la más conocida de todas, y repetida a lo largo de cada generación.

Don Manuel viajaba en su Osmovil por el barrio de Sitiecito buscando la carretera del desvío hacia Sagua. Eran las pascuas de 1932 y el cielo se apagaba con la morriña de una tarde de invierno. Al llegar a la entrada del desvío se detuvo para recoger a un autoestopista, de los que abundaban en esta intersección hacia Sagua, el cual le indicó que lo dejara en la carretera de Resulta, así pues Don Manuel continuó rodando por este tortuoso sendero de grandes árboles que es la vieja y romántica alternativa para llegar a Sagua.

El pasajero muy silencioso en el asiento trasero observaba con inquietud el paisaje de las orillas, con preferencia los del lado del río. Los pájaros también hacían silencio para observar el paso del auto, y ni el sonido de las aguas del Undoso podían percibirse en su salvaje correr, solo el chofer silbando sus canciones favoritas rompía un poco el sepulcral ambiente que cortejaba al auto como bruma inusual.

De pronto, al doblar una de las peligrosas curvas, un escalofriante grito congeló la sangre del chofer que con los ojos fuera de órbitas miró hacia el asiento trasero para comprobar con horror que su pasajero desaparecía ante sus propios ojos. ¿Como es posible?, se preguntaba Dan Manuel mientras aceleraba más su carro hacia Sagua.

Poco después quedó aún más impresionado cuando se enteró que en esa misma curva del desvio había ocurrido el primer accidente automovilístico de Sagua La Grande cuando el señor Santo se volcó con su auto (uno de los primeros que tuvo la jurisdicción) acabado de comprar en Santa Clara. Pero el asunto no termina ahí, ya que posterior a este acontecimiento de Don Manuel otros dos choferes han sufrido el mismo caso de este fantasma o aparecido que sube al carro y desaparece de pronto con un grito de espanto cuando el auto pasa precisanente por este punto misterioso que solo la providencia podrá explicar.

Los científicos del campo espírita explican que solo una altísima emoción antes de la muerte produce esta extraña energía que se repetirá como una película por los siglos de los siglos sin alterarse en lo más mínimo, pero otros investigadores, más espirituales, afirman que se trata del alma en pena que logrando la materialización de su antiguo cuerpo, insiste en completar su trayectoria a Sagua, pero que al llegar al sitio fatal la terrible chispa del accidente lo devuelve a su mundo de almas atrapadas o espíritus confundidos. Solo un verdadero exorsista de la iglesia conoce la vieja fórmula para destrabar un alma en pena y liberarla hacia su evolución, por lo que el pobre Santo seguirá deteniendo a ingenuos conductores en la Carretera del Desvío hasta que un piadoso cristiano se ocupe de su angustioso tormento.

Nota: En «La Curva del Muerto» o «Curva de Santo» en la Carretera del Desvío» de Sagua La Grande han habido otros accidentes posteriores a Santo. Al parecer es un tramo muy poco apto para autos a cierta velocidad. Recordemos que esta carretera existe antes de la llegada del automóbil cuando solo transitaban por aquí carretones tirados por caballos, por lo que su diseño no es apropiado a este moderno invento del siglo XX.

EL BARCO FANTASMA

Algunos pescadores actuales lo han visto. Se trata de un viejo galeón español en muy mal estado pero aún con todo su velamen y aparejos erectos; de ahí que los pescadores y marineros afirmen que este barco está atrapado en algún sitio y se desprende ocasionalmente con las tormentas.

Lo vio por primera vez Don José Beltrán, pescador natural de Corralillo, que en 1867 había arribado por unos días de mal tiempo a Bahía de Cádiz donde el torrero muy amablemente le acotejó unos camastros a él y sus 3 amigos en un ricón del majestuoso Faro para que esperaran el buen tiempo y pudieran continuar su fatigosa faena de pesca.

Era un mediodía oscurecido por la tempestad y todos, incluyendo el farero, dormían profundamente la soporífera siesta de truenos, pero Don José inquieto por su negocio de pesca observaba las furiosas olas desde lo alto de la torre como esperando que de un momento a otro se detuvieran; ya todo el día anterior y la noche completa habían tenido la misma intensidad de vientos.

Cabeceaba medio hipnotizado por la monotonía del escenario cuando de pronto vio una voluminosa estructura que avanzaba en la misma dirección de viento oeste muy cerca de ellos lo cual le hizo despertar completamente y poniéndose de pié abrió bien los ojos para estar seguro de lo que veía. Aquello era un barco, no cabía dudas, y estaba peligrosamente muy cerca de la orilla por lo que debía alertar al farero de lo que estaba ocurriendo.

Bajando a la velocidad de un rayo despertó a todos con sus gritos e inmediatamente los cinco subieron al domo superior desde donde aún se observaba el extraño barco avanzando muy lentamente hacia occidente.

Es muy raro —dijo el farero— tiene la figura de un galeón muy antiguo y sus velas están izadas; dentro de ese barco no puede haber nadie pues ningún capitán sería tan negligente.

Pero también es raro su lentitud con tanto viento —agregó el pescador— y sus velas apenas están hinchadas, parece un barco a la deriva...

O es una visión —ripostó otro de los pescadores...

Todos se miraron con cierto aire de espanto. Habían escuchado viejos relatos de mar hablando de barcos fantasmas pero como viejos pescadores de experiencia, nunca lo habían creido; ahora se encontraban ante un fenómeno que no podia tener otra explicación. Un barco muy cerca de la costa, en medio de una tempestad, con el velamen activo y sin ninguna actividad humana visible ya se habría estrellado contra las salientes rocas de la orilla. No existía lógica en aquel extraño evento; además un galeón no era barco para navegar en esta época...

De pronto la rara nave comenzó a girar lentamente hacia el norte, giro que aprovechó el farero para escrutarla con más detalles con su potente catalejo por su parte posterior. Enfocando el cristal hacia la popa, pudo admirar un rico y complejo decorado de sus maderas, obra de arte admirable, pero lo que más le llamó la atención fueron unos grandes caracteres rojos que decían «Santa Lucía», !El barco tenía nombre, su identidad lo hacía más real!. En medio del oscuro velo de la borrasca, el navío fue desapareciendo como tragado por el diluvio...

Esa es la extraña historia que contaba frecuentemente el viejo lobo de mar Don Pepe Beltrán cuando fue a vivir su retiro a Sagua La Grande en 1885. El barco fantasma se ha seguido viendo hasta los tiempos actuales por testigos vivientes. Pero de su boca también quedaron otros relatos de mar que le habían sido transmitidos por el farero del Cayo Bahía de Cádiz y otros amigos del océano.

EL NIÑO Y LA VIRGEN

Eran las 2 de la madrugada del 4 de Septiembre de 1888 y el pintoresco Puerto de Isabela de Sagua comenzó a sentir las fuertes ráfagas del anunciado ciclón al cual muchos no habían hecho caso a pesar de que las autoridades lo había advertido hasta la saciedad; un tren llevó a Sagua un grupo de familias y por las fuertes ráfagas se volcó cerca del alambique, un segundo tren no regresó debido a oposición de los isabelinos que se negaban a abandonar su querido hogar y las trágicas consecuencias no se hicieron esperar.

A las 9 de la mañana del día siguiente ya quedaban muy pocos edificios en pie y habían ocurrido muchas desgracias humanas, las madres aparecían por todas partes en macabra escena con su hijos abrazados, los cuerpos flotaban por todas partes.

Unas 500 personas que se refugiaron en la Iglesia de Madera vieron con horror como las grandes puertas cedieron al poderoso meteoro a pesar del gran esfuerzo de los bomberos por mantenerlas selladas. Los bellos edificios desaparecieron, la estación ferroviaria llevada a ruina, el tren de Isabela volcado como un juguete, hundidos el Casino Español y de Artesanos, y por todas las calles el siniestro silbido del monstruo arrastraba zines, tablones, ladrillos y materiales que se estrellaban contra las pocas estructuras que quedaban en pie.

El río se salió de su cauce y la Isabela comenzó a desaparecer cuando sus aguas se unieron con las del mar. Aquello nunca antes lo habían visto los pobladores de la Boca de Sagua. Tristemente decenas de las más conocidas familias isabelinas desaparecieron totalmente para siempre, pero en una de ellas sucedió lo curioso y legendario que es el motivo principal de esta narración.

Se cuenta que entre tanto cadáver flotando por todas partes la Comandancia de la Marina encontró a un niño de 8 años flotando vivo sobre una tabla de salvación el cual, al ser rescatado les contó como una mujer bellísima que flotaba sobre el mar con largo velo blanco, lo guió en sus propios brazos hacia la Aduana de Isabela de Sagua. «Esta mujer era La Virgen del Carmen, la patrona de los isabelinos».

El niño llamado Juan Acosta fue adoptado y criado por el Comandante Don Manuel de Dueñas y durante la primera mitad del siglo XX se le conoció como «Juan el Muerto» debido a su milagrosa salvación. A Don Juan se le conoció en Isabela como un verdadero lobo de mar conocedor profundo e inteligente de sus grandes secretos y se le admiró y respetó por haberse convertido en una especie de exégesis o versión de los náufragos de la Caridad del Cobre o del mito mejicano de Juan Diego y la Virgen de Guadalupe en territorio sagüero.

¿En qué se diferencia nuestro Juan el Muerto y su vida ejemplar de otros videntes o testigos de la Inmaculada?. La Iglesia tomó muy buenas notas de este fascinante suceso pero después de la muerte de Don Juan a mediados de nuestro siglo XX, el férreo materialismo que ha invadido a nuestra sociedad, no ha permitido que la nueva generación se entere de acontecimiento tan trascendental para sagüeros e isabelinos.

Nunca olviden las leyendas pues la providencia las coloca dentro de cada capítulo de nuestra historia de forma casi imperceptible para que las próximas generaciones las liberen de la didascálica botella por muchas razones esotéricas que no podemos comprender...

ALGUNOS RELATOS DE DON PEPÉ BELTRÁN

1-) LA SERPIENTE MARINA

José Antonio debe ser su nombre, pues aparecía oficialmente como Antonio Beltrán y le decían Pepe. Don Pepe Beltrán era un viejo pescador semi-inválido al que todos acudían en la Sagua de finales del siglo XIX para oir sus historias marinas.

Algunas las había vivido en carne propia pero otro gran caudal lo había acumulado transmitido por sus colegas de pesca y vida oceánica. En una de sus hitorias nos relata el viejo lobo de mar como sus amigos que pescaban mar. afuera, peces de profundidad, vieron en una ocasión una enorme sepiente marina muy cerca de Cayo Piedra del Obispo, al noroeste de Isabela de Sagua a partir del cual el océano comienza a profundizarse hasta las entrañas abismales de sus dominios.

Los viejos pescadores no podían creer aquello que estaban viendo; para ellos no existía ningún animal marino que no conociesen e identificasen al instante y esta visión se salía de su lógica y rutina marina.

Delante de ellos se elevó por más de 5 metros sobre la superficie del mar una enorme cabeza muy impresionante «del tamaño de una chalana o bote pequeño» cuyas mandíbulas estaban abundantemente pobladas de agresivos y afilados dientes como los de una picúa gigante, algo curvados hacia adentro de la cavidad bucal. Sus ojos eran tan amenazantes como su repulsiva boca haciéndolos temblar por unos segundos cuando, con vista fija en ellos, tal parecía que el mostruo planeaba atacarlos de un segundo a otro. Aquella mirada del diablo marino les pareció eterna y los tenía casi hipnotizados, ninguno se movía ni hablaba, pero estaban conscientes que ese era el fín…¿Cual de ellos sería el primero?

Pasó un siglo de petrificación mirando aquellos ojos de fuego que despedía el animal y de pronto, como regalo del destino, una manada de delfines saltaron por su lado izquierdo provocando que la bestia les quitara la atención para concentrarse en los benditos salvadores. Con habilidad asombrosa el gran reptil precipitó su cabeza contra la cuadrilla de cetáceos que a su vez escaparon hacia las profundidades con velocidad vertiginosa. Entonces los asustados pescadores pudieron observar como un largo cuerpo de serpiente se curvó en interminable zambullida que duró el suficiente tiempo como para calcularle «unos 30 metros de longitud o más.

Ese mismo día los afortunados hombres decidieron regresar a tierra para contar su increíble aventura. Todos los colegas de la costa se enteraron del insólito episodio y no dudaron ni por un instante de la veracidad del relato, pues, estos lobos de mar jamás, en muchas décadas, habían desertado de sus funciones de pesca, por lo que «algo grande y real» debió ocurrirles para que su limpio e envidiable record quedara manchado por primera vez.

La serpiente marina ha sido observada en nuestros mares desde la época de la conquista al igual que otros horrores mitológicos del misterioso océano Atlántico...

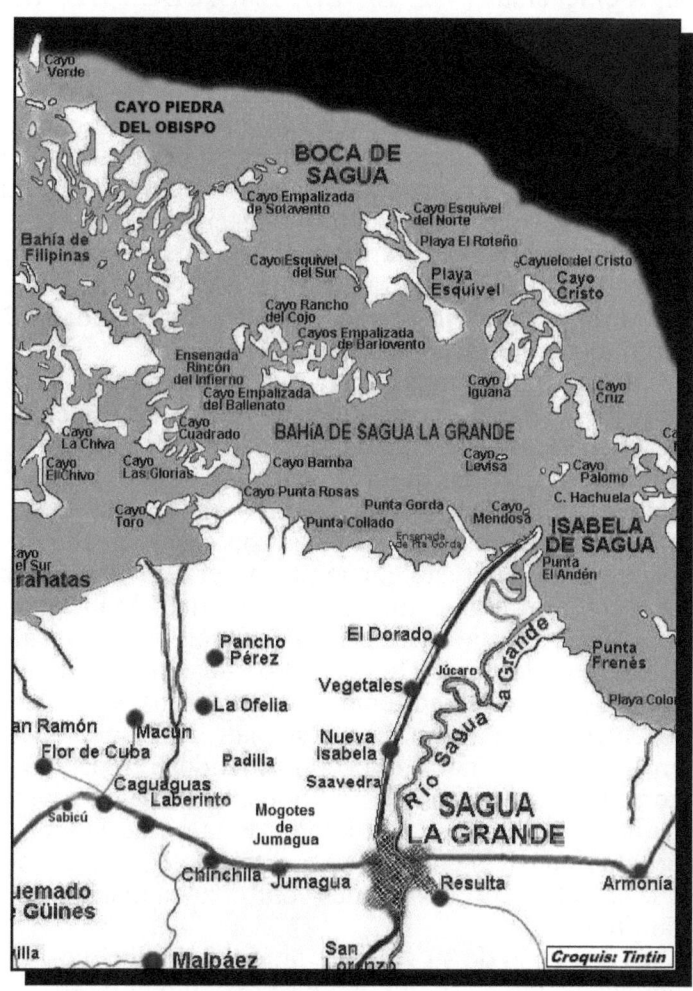

Mapa de Sagua y cayos adyacentes

2-) DIEGO GRILLO

Esta fascinante historia proviene de la rica tradición marina de la franja Corralillo-Rancho Veloz donde iban a descansar muchos lobos de mar incluyendo viejos piratas y bucaneros. La historia nos la narra un viejo profesor retirado de Rancho Veloz al cual fuimos a consultar sobre el caso del galeón Santa Lucía donde él tuvo participación en los años cincuentas (Ver: LA LEYENDA DEL JATAL), pero curiosamente en Sagua era bien conocida esta «leyenda» por algunos amantes de la tradición que me la contaron íntegramente tal y como la anoté en Rancho Veloz. Al parecer es nuestro Pepe Beltrán el autor original de las diferentes versiones que hoy circulan por Sagua La Grande. A Pepe se le publicó sus narraciones en periódicos de fin de siglo que hoy poseemos en nuestra colección, pero este es «un rescate oral» inédito que resultaría en extremo fascinante de ser real ya que el protagonista dejó su historia inconclusa. Nos referimos al pirata cubano llamado Diego Grillo que en nada envidiaba en su crueldad a sus maestros el corsario Francis Drake y el despiadado Pata de Palo que tanto terror causaron en nuestras costas.

Esta tradición nos cuenta que el farero de Bahía de Cádiz, siendo muy joven en 1827, conoció a un viejo pescador en el área de la playa de Ganuza que fue su inigualable maestro en las leyes y conducta marina como jamás pudo igualar después de sus experimentados años de acción y aventura. Su maestro era un caballero muy culto que combinaba los buenos modales con el salvajismo de una pelea. Pero lo interesante de este encuentro no eran las enseñanzas del maestro Don Onelio Valdés, sino la confesión final donde decidió este contarle a su discípulo que él era el hijo de Don Francisco Valdés, el tataranieto del temible pirata Diego Grillo que aún vivía en una finca cerca de La Panchita. El viejo tenía 90 años y conservaba toda la historia del legendario pirata contada por su padre, el bisnieto del pirata que nació en 1687, el cual narró que, convirtiéndose en persona respetable de la zona, Don Diego cambió apellidos, árboles genealógicos y todo lo que pudiera atarlo al oscuro pasado de la piratería, pero temeroso de su pronta muerte lo contó todo a su hijo menor que a su vez se encargó que la cadena de confesiones continuara a lo largo de su descendencia familiar.

Orgulloso de su valiente antepasado decidió finalmente pasar la verdad a su hijo Onelio quien se lo contó al farero (que nunca hemos averiguado su nombre). Suponemos que el farero se lo haya contado a Don Pepe Beltrán pues ellos tuvieron contacto en 1867 y de él provienen todos esos cuentos de mar.

Diego Grillo tuvo 6 hijos con una cubana del sitio Hatogrande que más tarde se conoció como Ceja de Pablo; allí se retiró el temible pirata donde murió a los 82 años de edad sin que nadie pudiera identificarlo, pues además de su total transformación, un curioso acontecimiento vino a sumarse a su suerte final; resulta que a los 50 años ya el pirata se sentía cansado y con buena fortuna para disfrutar por lo que decidió retirarse tomando su puesto otro mulato que confundió por muchos años a los españoles los cuales pensaban que se trataba del mismo Diego Grillo y que incluso se hizo llamar Diego al igual que el viejo pirata. Don Onelio le contó con orgullo, como su antepasado disfrutaba desde la comodidad de su finca «las hazañas de su doble»; incluso desde Inglaterra donde viajaba a menudo con toda su familia a otra hacienda que poseía.

El menor de sus hijos, con una historia muy activa en 1640, fue el cabecera del árbol genealógico que llega hasta Don Onelio a partir del cual muy poco se conoce aunque se reconoce como tronco del 40 porciento de los Valdés de la jurisdicción de finales del siglo XIX.

En la antigua jurisdicción de Sagua La Grande tenemos dos «huéspedes», según leyenda, que decidieron dejar atrás sus tristes pasados de sangre, uno de ellos lo es el pirata cubano Diego Grillo (1558-1640) y el otro lo es el legendario corsario francés Jean Laffite (1776-1832) de cuya descendencia proviene la familia de nuestro coterráneo Rafael Rasco quien fuera profesor en Long Island pero que vivió muchos años de juventud en la Villa del Undoso desde donde se origina toda la trama de su fascinante libro: «De guacamaya a la sierra», el cual recomendamos a los amantes de las leyendas.

No existe ninguna duda de que el norte de Las Villas constituyó un definitivo refugio o retiro para muchos «hermanos de la costa» ya cansados de sus aventuras oceánicas...

3-) LOS BARCOS NEGREROS

(La terrible «trata negrera» aún existía en Sagua)

Este es un hecho que aunque Pepe los contaba junto a sus leyendas, hay que apartarlo como un hecho real, histórico y registrado legalmente en los archivos del gobierno de Sagua. Los primeros periódicos lo comentaron y luego Don Antonio Miguel Alcover y Beltrán hizo un resumen en su brillante «*Historia de Sagua*». Contaba Don Pepe, que encontrándose en el área de Las Pozas fue localizado a presentarse ante un grupo organizado por el Teniente Gobernador Don Joaquín Fernández Casariego que iba a la cacería de un grupo de negreros que se preparaban para partir hacia Africa. Don Pepe era muy conocido en toda la región como un lobo de mar conocedor de la cayería Sabaneque mejor que nadie y Casariego, que deseaba el plan perfecto, decidió usar sus buenos oficios.

De La Habana había salido el 19 de Abril de 1852 una goleta costera equipada con pertrechos para el bergantín «Brasil» alias «Emperatriz», que se escondía en un punto de Falcón en Cayo Bahía de Cádiz preparándose con el bergantín «Palmira» alias «Celmiral», para marchar ambos rumbo a Africa para continuar con la odiada trata negrera que ya iba quedando en el pasado. Con gran dignidad Casariego quería impedir este crimen a toda costa, y preparó una buena expedición para que su plan fuera perfecto y poder atrapar a los delincuentes. Para esto eligió al Teniente de Caballería Don Pedro Pastors y al Teniente de la 2da Compañía de Mérito Don Mariano Marcuello con una tropa de 24 soldados, además del Licenciado José Ignacio Rodríguez como asesor legal, y de esta forma partieron el 27 de Abril de 1852 a bordo del famoso Vapor «Sagua La Grande» que había sido el primero construído en Cuba por los sagüeros «Beronda Hno. y Cía». El vapor iba dirigido por el patrón Don José Silva, pero bajo la respetada opinión de Don Pepe, que según expresó después Casariego: «era de su absoluta confianza para la ejecución de sus operaciones», a diferencia de Silva que no tenía mucho espíritu de cooperación y que luego declaró que «se le obligó por la fuerza a conducir el barco».

A las 5 de la tarde de haber zarpado localizaron al bergantín «Emperatriz» y lo abordaron, comprobando que no poseían papeles, ni jefe o capitán alguno, por lo que los 47 hombres allí sorprendidos fueron detenidos y conducidos al vapor, haciéndose cargo Don Pepe Beltrán del bergantín que lo condujo con algunos soldados hasta el ingenio Delta en el río Sagua La Grande. En los Falcones encontraron el otro bergantín sin tripulación. Todo el éxito de la misión se debió a las habilidades de Don Pepe al rodear el cayo por recovecos que el solo conocía. Los prisioneros fueron alojados en la casa del Dr. Alejandro Largargett que estaba el la calle Ribera y Clara Barton ya que la primitiva cárcel no tenía la suficiente capacidad para tantas personas.

Don Joaquín Fernández Casariego demostró una vez más su integridad como gobernante y ser humano, el pueblo le aplaudió aquel gesto de piedad y valentía a la vez, y Don Pepe orgulloso narraba su hazaña por todas las tabernas de la jurisdicción.

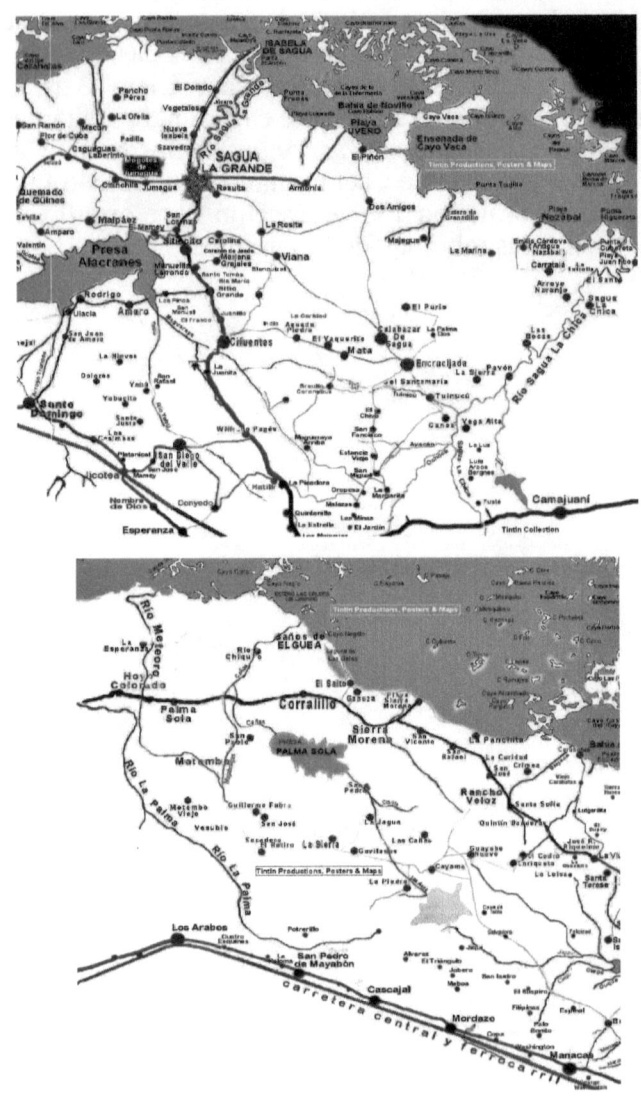

MAPAS DE TODA LA REGIÓN DE SAGUA LA GRANDE

LEYENDAS URBANAS

«Cada vez que un niño dice 'yo no creo en las hadas', muere una de ellas».

EL CEMENTERIO DE LOS PATRIARCAS

En la actualidad no se comenta mucho sobre este tema, pero a principios de siglo (XX), cuando se acababa de construir el cementerio actual de Sagua La Grande, eliminando el viejo del barrio de Rodas, resurgió la leyenda del «primer camposanto sagüero». Según tradición, el primer Cementerio de Sagua estuvo en lo que hoy es el parque de la Independencia y Anfiteatro dentro del cuadrado que forman las calles Colón, Clara Barton, Luz Caballero y Padre Varela que en 1770 pertenecía a Don Cristobal González.

De ser cierta esta historia, existiría entonces la fascinante posibilidad de encontrar los restos de los fundadores de Sagua debajo del actual parque tras varias capas de concreto que se han agregado en 200 años. Los Patriarcas de Sagua están encabezados por Don Juan Caballero quien en 1812 repartió algunas de sus tierras con la idea de fundar un pueblo, que en realidad no necesitaba fundación pues ya Sagua existía desde un pasado remoto, pero quizás Don Juan Caballero simplemente estaba dando fin al viejo pueblo de piratas y corsarios, para inaugurar una nueva era de laboriosos cristianos que son en realidad los Patriarcas de las familias actuales.

Hasta 1796 los curas se habían negado a visitar «El Embarcadero» (como le llamaban a aquella aldea primitiva) y por tanto, legalmente, los entierros de Sagua deberían hacerse en Quemado de Güines o en Álvarez donde existían parroquias con cementerios anexos. Al llegar al poblado el cura de la parroquia de Alvarez, Don Juán Mesa en 1796 para celebrar el Santo Sacrificio de la Misa y administrar los Santos sacramentos, comenzó a considerarse por primera vez la posibilidad de un Cementerio. ¿Pero en realidad los habitantes de la Sagua primitiva viajarían tan lejos para enterrar a sus muertos?

El primer Cementerio que reconoce la Historia de Sagua fue construido en 1835, fecha muy lejana para los patriarcas que ya en 1800 eran hombres de edad avanzada. Este camposanto estaba ubicado frente a la Estación de Ferrocarril actual dentro de la manzana que forman las calles Martí, Calixto García, Maceo y Máximo Gómez (donde hoy se encuentra el Banco Canadá).

Pero ¿y qué pasó con todo un siglo desde 1730 a 1830 época de oro de los obreros de la madera en Sagua? En caso de que los cristianos sagüeros del siglo XVIII llevaran a sus muertos por todo el espeso monte hasta Quemado o Álvarez con el fin de enterrarlos correctamente, surgiría sin remedio una nueva tesis: «En el Parque de la Independencia están enterrados los viejos piratas de los mares caribeños...

Así lucía el Parque de la Independencia a finales del siglo 19 donde quizás estuvo el Cementerio de los Patriarcas de Sagua La Grande a finales del siglo 18. En la actualidad se le llama Parque Céspedes a la mitad Norte y Anfiteatro a la Sur.

CHARCO LA PALMA

A lo largo de los 152 kilómetros del río más largo de la costa norte de Cuba, El Undoso, no existe rincón más misterioso y poético que el tradicionalmente llamado «Charco de la Palma». El folclore local da fe de este incuestionable galardón.

La tradición ha acumulado tal cantidad de tragedias en torno a este oscuro foso que los espíritus desencarnados vagan tranquilamente en horas de la noche despreocupados y seguros de que ningún mortal osará hollar sus dominios.

Aún durante el día este es un sitio tabú para los vecinos de la zona, pues «el enorme remolino» que allí se forma atrae o «se traga» a cualquier objeto flotante que penetre en el óvalo central siendo común entre los bañistas la frase de: «no te alejes más, te coge el remolino».

Mi inolvidable amigo Benito Serrano (uno de los últimos mambises de la brigada Sagua, mensajero de José Luis Robau) me contaba que antes de construirse la carretera (Desvío Sagua-Sitiecito) existía una cavidad junto al antiguo camino por donde podía escucharse el rumor de las aguas salvajes lo cual hacía suponer a sus mayores la presencia de un río subterráneo lo cual, según él, corroboraba una leyenda más antigua que aseguraba la existencia de una cueva en lo profundo del Charco La Palma. Uniendo estos dos datos se tendría como resultado la explicación del «remolino», es decir, un desagüe subterráneo que en forma de embudo «se traga todo objeto que por allí pase».

1957 CHARCO LA PALMA, RIO SAGUA LA GRANDE   Tintin Collection

Muchos viejos vecinos de la calle Brito nos confirmaron que habían escuchado el cuento de la casimba que existía en el antiguo trillo del desvío donde sus padres acercaban el oido para escuchar al supuesto arroyo subterráneo o tragante del Charco. Si esto hubiera sido real se podría entonces justificar las leyendas de objetos perdidos en un área relativamentetan pequeña.

Cuenta una de las leyendas que la carreta de un negro haitiano que en ocasiones descendía hasta la orilla del río, un día desapareció en medio del remolino con bueyes y dueño ante la mirada atónita de los que allí pescaban. Se buscó por algunos buzos amarrados por la cintura pero ni rastros de ella. «Se lo llevó el río subterráneo» —decían los rescatistas—. Con el pasar de las épocas la furia de este punto geográfico del Undoso se ha atenuado un poco (1985) aunque el remolino sigue activo y desafiante para los bañistas. La actual Presa Alacranes robó un poco el orgullo de su cause esfumándose en parte la niebla mística de antaño

. En otra ocasión, después de la inundación de 1904 que se llevó el Puente de Madera de Sagua, el dueño de un terreno al otro lado del río puso un andarivel o cable de acero de una orilla a otra a través de uno de los bordes del Charco para pasar en una especie de balsa. Se cuenta que una tarde cuando regresaba de sus labores con otras dos personas y sacos de productos agrícolas un borde del remolino lo arrancó del cable y después de muchas vueltas en círculos con horrorizados gritos de los pobres hombres, la tenebrosa garganta del diablo se engulló a otra de sus tantas víctimas. Botes y nadadores desaparecidos a través de los tiempos en este círculo infernal son incontables. Se dice que en otra ocasión la balsa del andarivel de Céspedes se desprendió con varias personas durante una corriente rápida del río. A través del trayecto todos lograron lanzarse al agua y nadando hacia las orillas pudieron salvar sus vidas, pero el dueño, que no quería perder su embarcación se aferró a ella pensando que con el remo podría acercarla a uno de los bordes del furioso río. En pocos segundos atravesó la barranca de Salvador Herrera y la de Solís tropezando en ocaciones con tierra, pero ya era tarde, al levantar su horrorizada mirada ya estaba encima del temible Charco La Palma y en un último esfuerzo se lanzó al agua pero tanto su balsa como su dueño comenzaron el giro de la muerte hasta desaparecer en las oscuras profundidades.

«El Remolino» estaba más lento en algunas épocas de poca corriente y algunos valientes se bañaban por el lado del cayito (a contracorriente) pero aún así los peligros no terminaban del todo; en esa sepultura del infierno existía otro temor para los vecinos del Undoso; allí en medio del siniestro embudo vivía una criatura sobrenatural cuya sola mención los hacía palidecer de pánico.

Cuando el sol comenzaba a caer y la penumbra se arrastraba por el Charco De La Palma ya nadie más merodeaba estos lóbregos parajes. La infinita soledad del oscuro reino se hacía en extremo propicia para que entonces emergiera de entre sus aguas una entidad humanoide no conocida en los catálogos zoológicos pero si clasificada en el feudo de la fábula como «El Güije», el negrito anfibio de los ríos de Cuba que nunca ha mordido a nadie pero sí los ha matado del corazón...

EL GÜIJE

Cuando va cayendo la tarde los pescadores y flecheros del Charco La Palma se van retirando como antípodas de los vampiros; por el día respetan al río pero por la noche se les une el temor al Güije esa extraña criatura mitológica de la cultura fluvial que aunque también se le ha visto por el día, su verdadero reino es el de la oscuridad.

Yo nací en Gonzalo de Quesada # 48 a unas dos cuadras del Charco La Palma por lo que me puedo considerar un ribereño, toda mi generación que nació a finales de los cincuentas se crió en el Undoso y hasta nadábamos mejor en nuestro río que cuando íbamos a Uvero, pero cuando llegaba la noche se nos ponía la carne de gallina el solo pensar encontrarnos cara a cara con El Güije. Nos parábamos en la barranca de Colón y Brito para mirar aquella «boca de lobo» pero hasta ahí llegaba el camino. Por muchas generaciones se cultivó esta leyenda que hasta cierto modo tranquilizaba a las madres de la cultura del río cuyo principal temor lo era recibir la noticia de un hijo ahogado. Algunos de mis amigos de infancia murieron producto de esas cercanas aguas que tanto nos atraían, pero la gran mayoría lo respetaba sobre todo debido «Al Remolino» y al «Güije».

La tradición contaba que aquí vivía desde tiempos remotos un extraño ser de color negro, con rabo y ciertos rasgos humanoides que aunque anfibio podía permanecer mucho tiempo fuera del agua. Por ser una leyenda tan antigua y tan popular está rodeada de tantas variantes que sería muy dificil hacerlas coincidir a todas, pero a modo general podemos decir que incluso muchos afirman que los hay hembras pues muchos valientes testigos amparados en la oscuridad de la noche y en los tupidos matorrales que aquí abundan, llegaron a verlos sentados a orillas del cayito con su pareja al lado. Pero lo más interesante de todo es que en cierta ocasión se capturó uno y todo el público sagüero pudo admirarlo ya que lo tenían amarrado en el ala izquierda de la Cárcel (por la calle Salvador Herrera) y cientos de personas, a través de la cerca de malla, pudieron verlo comiendo lagartijas. Se trataba de una figura repugnante que nadie quería recordar, amenazaba al público con agresivas mordidas al aire y en cierto momento se temió que reventara la soga con la que estaba amarrado porque se ponía muy furioso y con chillidos ensordecedores se revolcaba como un rabioso gato acosado y le costó mucho trabajo a los guardias meterlo en un tanque de agua para su posterior traslado.

Muchas muertes ha ocasionado este monstruo en las aguas de su dominio y los bañistas le temen. Algunos que lograron escapar vieron sus afilados colmillos y largas garras a punto de atraparlos para siempre. Al parecer los Jueves y Viernes Santos son los días preferidos del Güije para cazar seres humanos, por lo que se recomienda precaución a los sagüeros en estas fechas sobre las demás.

Han quedado para la historia los nombres de los capitanes José Vicente y Francisco Almeida personas respetables que narraron a sus superiores que vieron al Güije mientras perseguían a un bandido y que incluso le dispararon sin poderlo matar. Al sentir el ruido de sus armas, la criatura se zambulló en el río profiriendo espantosos aullidos.

En la descripción más antigua sobre el güije, se le concibe como una criatura que solo puede ser vista los Jueves y Viernes Santos calentándose bajo al sol y no se le puede mirar pues instantaneamente se caería bajo sus garras.

En la actualidad la construcción de la Presa Alacranes ha reducido mucho el caudal del Río Sagua La Grande y «El Remolino» no es muy notable, ¿Acaso ha sido taponada la cueva subacuática debido a la basura que allí se ha vertido por dos siglos?. De ser así el Güije estaría encerrado en esta botella geológica esperando por un Aladino que lo libere. Sin embargo en tiempos actuales algunos pescadores fluviales insisten en haber visto al Güije y nos preguntamos ¿No será que estos seres extraordinarios tienen como morada al mundo astral y en nada los afecta nuestro ambiente material?... debe ser así...púes de lo contrario, la contaminación actual de nuestro río «no hay Güije que la soporte». (Ver: EL CINE).

LA INUNDACIÓN DE CARRAZANA

Sagua La Grande, acostumbrada a tantas inundaciones de su Undoso río, ha olvidado a aquellas antiguas crecidas que no se destacaron por uno de los tres acontecimientos sociales regidores de la tradición oral ribereña como lo son: la destrucción, la muerte o la curiosidad. Esta que aquí rememoramos se recuerda por la simple curiosidad de un caso familiar, ya que no existe una anotación autorizada que lo refleje de forma oficial. Recordemos que lamentablemente todos los archivos oficiales del ayuntamiento, bomberos y policía en siglo XIX se perdieron precisamente en una inundación del furioso río Sagua La Grande, bautizado como El Undoso por el poeta Plácido en un viaje a la Villa.

La narración me la cuenta el famoso hojalatero Don Eladio Carrazana vecino mío en Gonzalo de Quesada # 50 (siendo la mía: Gonzalo de Quesada # 48) poco antes de su muerte a principios de los años setentas y su esposa Chila quien me dejó un hermoso patrimonio de fotos de 1902. Eladio es el bisnieto de Don Antonio, uno de los hijos de Don Ventura Carrazana protagonista de esta leyenda en 1820. Según Eladio, su padre se la contó a nuestro inolvidable paladín del magisterio Don José Pérez «Pepehillo» y este la dejó reflejada en un cuento corto.

Por aquellos tiempos los Carrazana vivían en La Vega, finca muy antigua junto al río Sagua La Grande, Y un día, durante una crecida del Undoso, todos fueron retirándose a lugares más altos de tierra firme para protegerse de las aguas, pero al darse cuenta que Don Ventura no estaba entre ellos, sus hijos muy preocupados, remaron en un bote hasta la finca donde ya las aguas tapaban su rancho comprobando con horror que su padre luchaba, casi sin fuerzas, sobre una débil mata de mangos repleta de gallinas. Llevaba mucho tiempo sobre la mata donde lo sorprendió una rápida crecida del río y a punto estaba de rendirse cuando vio la salvación en sus hijos que se acercaban.

Los valientes hijos de Ventura eran: Antonio (bisabuelo de Eladio), José, Rafael y Manuel y de ellos se contaban muchas hazañas en los principios del siglo XIX en Sagua La Grande.

Don Ventura Carrazana es solo uno de los náufragos del Undoso pues a continuación veremos la más interesante de las leyendas relacionada con el río…

EL NOÉ SAGÜERO

¿Sabía usted que en una época ya muy lejana, una familia sagüera escapó de una horrible inundación hacia Los Mogotes de Jumagua sobre una balsa de troncos?

Cuando se habla de inundaciones los sagüeros solo mencionan las dos grandes históricas que han quedado grabadas en la pared de la farmacia de Esparza frente al Casino Español en las calles Céspedes y Padre Varela ocurridas en 1894 y 1906 respectivamente en cuya crecida las aguas del río se unieron a la Laguna de los Hoyuelos al otro lado de la línea férrea actual. Pero ya por esas épocas muy pocos ancianos recordaban el horroroso diluvio de 1837 cuando las constantes aguas de Mayo mezclaron de forma inusual el Río, Laguna de los Hoyuelos y Mogotes de Jumagua.

Nunca antes la naciente población sagüera había comtemplado semejante cataclismo, aunque quizá, en la prehistoria este sí fuese un espectáculo común para nuestros indios. En esta ocasión no existió un techo donde refugiarse, ni una pared donde marcar los niveles de las aguas.

Por esos tiempos ya Sagua tenía 148 casas (entre ellas 41 de mampostería) que rodeaban a la hermosa iglesia de gruesos tablones de madera y reluciente tejado erigida en lo que hoy es el anfiteatro. En círculos concéntricos se abarrotaban: 25 carpinterías, 7 zapaterías, 2 herrerías, 2 tejares, 6 panaderías, 2 billares, 10 tiendas de ropa, 5 carnicerías, 3 fondas-bodegones, 1 botica, 1 sastrería, 1 talabartería, además del cuartel español, 1 cementerio(en el sitio que hoy ocupa el banco Canadá), una valla de gallos (que luego se trasladó a Padre Varela y Salvador Herrera, propiedad del ilustre trovador de los campos de Cuba Don Francisco Poveda) y un correo entre otros establecimientos menores.

Desde principios Mayo, los aguaceros alarmaron a la población que no vio un solo momento de tregua. En pocos días el río se salió de su cauce y avanzando por las calles de Colón, Intendente Ramírez(hoy Solís) y el área del actual parque, se fucionó con la laguna que a su vez ya se unía a las ciénagas que se forman en Jumagua. El núcleo urbano se convertía entonces en un pequeño islote en medio de la gigantesca sabana ocupada por la laguna y la pobre gente atemorizada trasladaba sus pertenencias a los tejados de las viviendas y negocios.

No se dejó para la historia una estadística de las muertes y pérdidas materiales pero sí el curioso acontecimiento que protagonizó Don Pedro de Aguila el cual, preocupado por tan apocalíptico diluvio, construyó una gran balsa de troncos donde logró escapar a las lomas del Mogote con toda su familia, pertenencias y su perro.

La hazaña de este pintoresco sagüero debe ser recordada en alguna placa de nuestra querida ciudad, así como los muertos de tan terrible catástrofe publicada en periódicos de fin de siglo pero luego silenciada en la oscuridad del siglo XX. Muchos monumentos nos quedan por erigir.

LA DAMA DEL BAILE[8]

Esto sucedió allá por los tiempos de Casariego cuando ya el extenso Partido Judicial de Sagua contaba con más de 36 mil personas y acababa de formarse una empresa para promocionar los bailes entre nuestros abuelos, un gran salón de bailes arrebató a la juventud de la época y la noche inaugurar atrajo a jóvenes de toda la región. Tocaba la orquesta «La Sagüera» y nunca antes se habían visto tan alegres reuniones, lo posteriormente conocimos como «bailes de sociedad».

Un apuesto joven de la conocida familia Soler llegó temprano al bazar de la iglesia hacia donde comenzaba a afluir una gran muchedumbre; toda la vida nocturna de la época giraba alrededor de La Plaza del Recuerdo e iglesia de madera donde hoy tenemos el Anfiteatro, pero ya se construía la parroquia de mampostería que hoy conocemos en nuestro parque (actual). Paco, como le llamaban sus amigos, cansado de dar vueltas y vueltas en sentido horario, para ver caras de chicas que por tradición lo hacían hacia la izquierda, decidió que ya era hora de entrar en acción y sacó su papeleta para el baile. Dentro el ambiente era todo emoción, todas las muchachas de la crema y nata de la sociedad estaban por vez primera reunidas sin que faltara una sola, aquel acontecimiento era transcendental y había que aprovecharlo, para algunos conservadores era casi un escándalo «exhibir las féminas de aquella forma» pero cada una de ellas estaba custodiada por su madre, tía y chaperonas de refuerzo. Paco solo quería bailar y estaba seguro de poderlo hacer autosuficiente de su atractiva figura.

Cuando comenzó la acción todos los muchachos se abalanzaron a la cacería de una posible pareja pero Paco fue cauteloso, quería conquistar lo mejor que allí existiera en representación del sexo débil. Las damas tenían una especie de libretica donde iban anotando los nombres de los caballeros a los cuales les concederían una pieza y el orden en que esto se realizaría. La segunda tanda era la selectiva pues la mujer escogía a uno de todos con los que bailó en la primera tanda y con este danzaba el resto de la noche.

Nuestro protagonista decidido le pidió pieza a una de las más cotizadas damas del salón y así comenzó la espera para su primer baile, estaba consciente de que muchos otros hombres la habían solicitado y ella había accedido, por lo que tendría que esperar unas 4 canciones para por fín poder admirar de cerca los bellos ojos de tan

---

[8] Viejo cuento de la tradición sagüera.

atractiva joven. Algo celoso de verla bailar con otros, decidió distraerse recorriendo la glorieta y así «corazón que no ve, corazón que no siente»; pero de pronto, cuando más distraído parecía estar, sus ojos se encontraron con la hembra más bella que pueda verse sobre la tierra, quedó boquiabierto de lo que acababa de descubrir, ese sí que era su estilo ideal una criolla diseñada en taller de arte con figura espigada, ojos verdes, boca de miel y una alegría contagiosa, —¿Cuantas peticiones tendrá? —pensó con preocupación. «Esta maravilla debe tener la libreta llena», Y acercándose al descubrimiento se arriesgó a preguntar: —«Alguna vez le han dicho lo bonita que es». A lo que ella respondió con agradable sonrisa —Gracias pero es la primera vez en mi vida. —¿Me permite una pieza? —respondió sin pérdida de tiempo— Claro que sí, también es el primero, le respondió ella sin perder la amplia sonrisa. Paco no podía creer que aquella atracción hubiera escapado a los ojos de tantos buitres, pero tampoco le interesaba explicárselo. En cuanto comenzó la siguiente melodía lo primero que le preguntó fue que «cual de las diez viejas que lo rodeaban era su chaperona», a lo que ella le respondió:

Sorpresa, no traigo chaperonas. Acabo de arribar a Sagua de regreso de mis vacaciones pero esta misma noche continúo a la finca de mis padres, no podré estar aquí toda la noche.

Muy buena situación —pensó el muchacho.

Y así bailaron muchísimas piezas más.

Nadie se acercó para anotarse en su lista y esto le pareció buenísimo a su favor.

Cuando comenzaba otro ritmo pegajoso de «La Sagüera», ella le comunicó que tenía que irse, ya era tarde y sus padres la esperaban.

¡Oh no por favor!, es temprano, una más y yo mismo te llevo en mi caballo. Compláceme.

Ella lo miró picarescamente y le contestó —Este es el primer baile en Sagua, van a haber muchos más en el futuro y ya he decidido que mi libreta será para ti, pero por favor ya debo irme.

El vio su seriedad por primera vez, pero hasta sin sonrisas le parecía extremadamente atractiva por lo que decidió complacerla y no apretar mucho esta situación que para él se estaba convirtiendo en una gran sensación única en su vida. En muy poco tiempo se había enamorado de aquella dama de una forma increíble y por ella haría todo lo que fuera necesario. Así que caminaron hasta su casa de donde tomando su caballo la acotejó detrás de sí junto con sus pertenencias y partieron en camino hacia la finca de sus padres que estaba en el camino de la Isabela.

Por el camino él le preguntó su nombre y ella algo aliviada le dijo
—Por fin averiguas mi nombre, no has hecho más que elogiarme pero entretenido se te olvidó identificarme, yo soy María Elena Delgado, mi padre es Don Andrés y mi madre Doña Cecilia, criamos ganado y me gusta la poesía. Para el próximo baile te contaré más de mí, si me lo preguntas.

Perdona —respondió él— pero me he sentido algo hipnotizado ante tu presencia…

Ya llegamos —evadió ella.

Habían llegado a un gran portón de madera donde un camino de más de una cuadra desembocaba en un mediano rancho que apenas podía divisarse en la poca luz de la luna. La joven María con destreza atlética se tiró del caballo y comenzó a recoger sus pertenencias a lo que Paco respondió tirándose también ¿Como vas a caminar todo ese tramo?, yo te llevo hasta tu casa.

No Francisco, ya hicistes mucho por mí, prefiero caminar este pequeño tramo —contestó ella— no quiero que mis padres vayan a pensar mal de mí.

Y dándole un beso en la mejilla a Paco le dijo —Te veré en el próximo baile

Acto seguido se quitó una plateada sortija de su dedo meñique y entregándosela le pidió:

¿Me la entregas en el próximo baile?

Claro que sí le contestó el enamorado caballero apretándole ambas manos.

Aquella noche fue grandiosa para don Francisco Soler, corrió a todo galope por el viejo trillo a Sagua y no pudo dormir pensando en la princesa que había acabado de conocer, pero también le fueron dificiles las otras noches contando los días hasta la próxima fiesta.

Por fin llegó ese día tan ansiado y Don Paco estaba como loco buscando a su amada entre la multitud pero ella no aparecía. Pasó más de una hora desde que comenzó el baile y su reina no llegaba. Pasaron dos, tres, la noche entera y muy triste el joven se retiró a casa completamente derrotado.

No bailó con nadie y ninguna de las bellas chicas lo cautivó, solo pensaba en su adorada Mary que ya lo tenía completamente atrapado.

Al día siguiente muy decidido partió en su caballo hacia el rancho de Macomb, no podía tener malos pensamientos, quizás su amor había enfermado de repente impidiéndole asistir a la cita.

Muy pronto habría de aclararlo. Al llegar al gran portón se encontró con un anciano que cargaba unas leñas en un pequeño carretón al cual preguntó por el señor Andrés Delgado. El viejecillo le contestó que Don Andrés no se encontraba pero que su esposa Doña Cecilia podía atenderlo.

Llegando al viejo rancho muy falta de pintura y algo abandonado se encontró con una señora de pelo blanco de unos 70 años muy maltratados la cual resultó ser Doña Cecilia a la cual se presentó y sin pérdida de tiempo preguntó —«Soy amigo de María Elena y vengo a saber de ella». La señora que había estado un poco entretenida levantó su rostro y lo miró con severidad sin contestar una sola palabra.

Ante el silencio Don Paco insistió: —«Conocí a su hija la semana pasada cuando regresaba de sus vacaciones e hicimos una buena amistad, pero quedamos en vernos de nuevo el día de ayer en el baile de la plaza y no fue, he pensado que pudo ocurrirle algo». Aquí le traigo su sortija que me prestó. ¿Ella se encuentra?.

La señora Cecilia que lo miraba casi con horror estalló en un escandaloso llanto y el joven no sabía como reaccionar. Por fín pasaron unos segundos, esta lo invitó a entrar en la casa.

Acomodado en un acolchonado sillón esta comenzó por aclararle: —«Quizás usted se ha equivocado de dirección, ¿a cual María Elena usted busca?. ¿Cual es su apellido?. A lo que este contestó: —«María Elena Delgado, hasta este rancho yo la acompañé aquella noche».

La acabada señora no podía resistir aquella conversación. Se negaba a continuar con un lastimero llanto que hería las entrañas del alma. De pronto Paco hizo un triunfal descubrimiento, en un cuadro que colgaba de la espaciosa pared de la sala divisó la pintura de su amada y muy feliz exclamó: —«Ahí está, esa es Mariaelena, estoy en el sitio correcto»...

Pero el silencio era total, Doña Cecilia no contestaba por lo que este comenzó a asustarse un poco. En eso entró al salón otra señora algo más joven de pelo negro que parecía ser ayudante o sirviente de Doña Cecilia y la llevó al interior de la casa. Pasaron largos minutos sin que el intrigado Francisco comprendiera lo que allí sucedía. —«Le habrá pasado algo a mi chica» —pensó.

Pero no terminaba de organizar sus conclusiones cuando regresó la señora del pelo negro invitándolo a escuchar:

«Usted debe disculpar a Doña Cecilia que está muy indispuesta por ciertos detalles de su narración, pero aquí ha ocurrido algo espan

toso que usted debe conocer y yo se lo explicaré:

¿Ha mirado bien usted ese cuadro?- le preguntó señalando hacia la pared. Paco lo volvió a observar y notó algo en lo que antes no había reparado; !Tenía flores!

Miró a la señora con estupefacción...

Y esta afirmó —efectivamente, María Elenita murió en un lamentable accidente hace 35 años, en 1824 cuando regresaba de sus vacaciones para casarse con su prometido.

Haciendo un paréntesis estiró su mano para tomar la plateada sortija.

Su novio le había entregado un pequeño anillo con la condición de cambiárselo por otro más grande cuando esta regresara, como no le servía en sus otros dedos ella lo usaba en el chiquito.

Él le había hecho una eterna promesa: «Cuando me entregues el pequeño nunca más nos separaremos», pero el pacto nunca se consumó pues la niña no regresó y el novio, desolado, abandonó el pueblo para siempre.

Hubo silencio en la sombría habitación.

A aquella asombrosa entrevista no había más que agregarle. Todo era raro, fuera de lo que la naturaleza nos muestra como lógico en la vida cotidiana. Alguna fuerza prodigiosa escapó de dimensión de aquella Sagua colonial manifestando su espeluznante rostro. Por muchos años las viejas se persignaban cuando contaban esta historia ¿Y Paco?. El pobre Paco perdió sus facultades mentales y hasta su muerte a finales del siglo XIX los sagüeros le llamaron, no sin dolor, «Paquito el loco»...

EL FANTASMA DEL HOTEL

Existe un viejo edificio abandonado de tres pisos en la calle Carmen Ribalta, entre E. J. Varona y Luis Mesa frente al Parque «El Escolar» de Sagua (Parque de las Madres, Parque Infantil (antiguo Hotel «La Unión») donde un extraño fenómeno ocurre desde principios del siglo XX.

En algunas noches aquí se escuchan gritos y quejidos horripilantes que someten al más valiente de los hombres.

En los primeros años del siglo ya este era un Hotel en decadencia donde solo acudían personas de muy baja condición social. Cuenta la tradición oral que «Panterita» allí vivía con su amante pero una noche enterado de la traición de la misma, entró enfurecido a la habitación y sin mucha explicación la apuñaló muchas veces con salvaje desesperación provocando gritos de horror que la dejaron exánime en el piso. Los vecinos ante tanto escándalo llamaron a la policía que al llegar encontraron a la occisa pero Panterita había escapado. Otros testigos de la época afirman que la mujer escapó herida escaleras abajo pero el rabioso amante enfurecido la persiguió y empujó cuando apenas le quedaban unos diez peldaños para llegar a la planta baja.

Desde aquel siniestro acontecimiento los vecinos y transeúntes que pasan por la edificación en el silencio de la noche perciben los alaridos de la muerte por lo que, nadie que aquí se muda, resiste por mucho tiempo. Varias familias que no tenían conocimientos de este homicidio coincidieron en marcharse a los pocos días de establecerse. Investigaciones personales con vecinos del área coinciden en que «todos los niños siempre han sentido un extraño temor a este repulsivo hospedaje» Al parecer el extraño eco del espanto aquí se repetirá por los siglos de los siglos…

LAS ALMAS EN PENA

Esta es una conmovedora historia muy bien fundamentada que mucho afectó al pueblo sagüero, pero que a la vez se ha mezclado con ese extraño mundo de los espíritus que nadie puede explicar. No me gustaría contarla si no fuera porque al hecho real se ha unido la leyenda y de esto se trata este libro.

Según cuenta la tradición existe una alcantarilla debajo de la línea del ferrocarril donde en algunas noches oscuras de Sagua se escuchan lamentos horrorosos de niños y una dama. Curiosamente este relato coincide con un cintillo de prensa muy antiguo donde se narra como un prestigioso comerciante sagüero completamente arruimnado en su negocio perdió la razón y llevó a toda su familia debajo de esa alcantarilla donde los mató a todos y luego se suicidó. A los investigadores de lo paranormal busquen este oscuro reducto y escuchen en luna nueva.

LOS DIENTES DEL NIÑO

Era una noche lluviosa y de fuerte ventolera cuando Don Celedonio regresaba a su casita de guano en Chinchila después de una penosa caminata a caballo por toda la Calzada de Jumagua desde Sagua en contra de una lluvia que hería la piel. Ninguna de las pocas casitas en el trayecto tenía alguna luz encendida, la noche estaba iluminada por una opaca luna que apenas permitía ver a unos tres pasos; gracias a la excelente orientación de su caballo este cristiano lograba mantener su trillo.

Después de pasar el cruce de Jumagua el jimete sintió el llanto de un de niño junto una antigua Ceiba rodeada por unos frondosos matorrales y por momentos pensó que podía tratarse de gatos enemistados que en ocasiones producen unos sonidos muy parecidos a los bebés cuando lloran, pero no, aquello era indiscutiblemente el llanto de un niño y por sus principios morales no podía seguir de largo sin atenderlo.

Llegó al matorral que formaba una especie de concavidad vegetal y dentro de este, muy bien protegido, se encontraba efectivamente, un niño muy bien cubierto por un pañal.

El buen hombre descendió del caballo y tomando a la criatura en sus manos la acotejó en unas forjas que llevaba en la parte trasera de su caballo. Estaba Don Celedonio muy asombrado y a la vez muy enojado porque alguna madre se hubiera atrevido a cometer semejante crimen sin perdón.

Después de decirle algunas cosas al bebé para consolarle su llanto, este calló y el campesino logró continuar su camino ya sin la constante perreta que lo había atraído hacia él... pero en medio del silencio sintió de pronto que el niño lo tocaba por la espalda y al voltear la cabeza para mirarlo vio con horror como al niño le crecían dos grandes colmillos en la boca mientras le decía: « papá mira diente mío»... «papá mira diente mío»...

El pobre hombre pálido como la luna misma hincó las espuelas a su caballo quien salió disparado a gran trote por el medio de la carretera, pero mientras más corría como alma que lleva el diablo el niño continuaba repitiendo todo el tiempo: «papá mira diente mío»... «papá mira diente mío»... «papá mira diente mío»... «papá mira diente mío».

El hombre llegó a su casa desmayándose en el portal donde sus familiares lo encontraron tendido.

BERNARDINA LA COMADRONA

Las grandes personalidades sagüeras de finales de siglo XIX nacieron de las manos de Bernardina Domínguez una partera muy querida y respetada en la Villa del Undoso nacida de padres esclavos en 1826. Existía a principios del siglo XX una expresión de «sagüerismo» que expresaba: «Soy sagüero de pura sepa, me recibió Bernardina y me bautizó el padre Lirola». Las madres habían enseñado a sus hijos a respetar con profunda reverencia a estos dos sólidos monumentos de la sociedad.

Pero Bernardina no se destacó solamente por su habilidad de comadrona. Cuentan los viejos que de no ser por su increíble record de miles de partos, a ella se le conociera como una Sibila o Adivinadora ya que en muchos de los alumbramientos, profetizaba el futuro de las criaturas nacidas.

Uno de sus casos más asombrosos lo fue el de Don Joaquín Albarrán, nuestro médico universal, el cual fue recibido por Bernardina el 9 de Mayo de 1860 en la casa de sus padres en la calle de Colón # 173. En esa ocasión, tomando en sus manos a la recién nacida criatura, esta le dijo: «Atravesarás mar para ir muy lejos a seguir una carrera prodigiosa que la muerte tronchará»…

Escalofriante revelación que se adelantaba 52 años cuando un final prematuro le arrancaría a Cuba, y al mundo entero, uno de sus hijos más destacados de las ciencias médicas.

Otro de los casos que ha quedado como un inmoble mito, ocurrió en la mañana del 3 de octubre de 1870 cuando se celebraba un acto de los bomberos en el parque de la iglesia recién construido y muchos militares formaban filas para la bendición de una bandera. Pronunciaba un importante discurso patriótico el sacerdote, Presbítero Don Dionisio Rodríguez; al mismo tiempo, al cruzar la calle, en los altos de la casona de Martí esquina Carmen Ribalta, Bernardina luchaba con Doña Enriqueta López de Robau para que alumbrara a su hijo José Luis. En eso, suena un disparo de canón y al unísono nace el bendito niño…, la Comadrona mirando a su madre entonces dice:

«Caramba, este muchacho va a ser General; lo reciben con un cañonazo»… De Nuevo Doña Bernardina Domínguez se había adelantado un cuarto de siglo a las gloriosas hazañas de General Don José Luis Robau López que con su Brigada Sagua escribió una memorable página para el pueblo de Sagua La Grande.

Los profetas no solo pertenecen al viejo continente, por acá también los tenemos.

LA INDIA «SENCIÓN»[9]

«Próximo al lugar donde hoy se alza la estatua del Conde Moré, en los jardines de la Estación de los Ferrocarriles Unidos, y sobre una pequeña eminencia que casi bordeaba la laguna con sus aguas cuando crecía y que, años más tarde, cuando allí llegó el poblado, los trabajos que se realizaron para la nivelación del terreno hicieron desaparecer, se levantaba, allá por los años de 1814 a 1816, una casita de yagua y

---

[9] Recopilación de Magazine «La Lucha» - Sagua La Grande, 1926. Esta leyenda se desarrolla en la Laguna de los Hoyuelos durante la «fundación» oficial de Sagua La Grande a principios del siglo XIX.

guano que nadie habitaba y que nadie tampoco quería habitar por el supersticioso temor que infundían aquellos lugares en los sencillos vecinos.

»En aquella casita había vivido la madre de la niña 'Sención' y allí había sobrellevado resignada hasta su muerte el dolor y la vergüenza del pecado horrible que la hija maldita cometiera. Allí también vivió Sención cuando llegó con su familia a Sagua, en la postrimería del siglo diez y ocho o en los primeros años del diez y nueve. Era una familia de color, compuesta por el padre, la madre y Ascensión o 'Sención', como le decían a la hija, una joven de 16 a 18 años, algo montaraz, que pintan como un soberbio tipo de mestiza, aunque su pelo lacio, de color negro brillante de azabache, y los rasgos de su fisonomía denunciaban que, a la par del europeo y el africano, el indio reclamaba también un puesto entre sus progenitores. Por eso la llamaban India.

»De esta familia sólo se supo entonces que eran de tierra adentro, que tanto el padre como la madre adoraban a la muchacha, a la que tenían 'muy consentida', y que habían venido a Sagua para alejarla de unos amores que no le convenían.

»Por qué no le convenían aquellos amores no lo dice la tradición, ni dice tampoco cómo el amador pudo enterarse de que la india estaba en Sagua.

»El hecho fue que, ocho o diez días después de la llegada aquí de la familia, la madre de Sención los sorprendió junto a la laguna en amoroso coloquio, y sorprendida ella a su vez, e indignada, los increpó rudamente.

»El joven enamorado, pues hay que suponer que era joven y estuviera enamorado, recibió la represión sin protesta y se marchó enseguida, pero Sención, de carácter dominador y violento, sintiendo rebelarse en ella la salvaje fiereza de tres razas, se dirigió a su madre trémula, despidiendo fuego por los ojos y al tiempo que le gritaba:
—Mamita, su merced me ha abochornado y no va a hacérmelo nunca más, descargó su mano abierta sobre el rostro de la anciana...

»Pero entonces ocurrió algo inexplicable o sencillamente milagroso. Mientras la madre le decía:

»—Hija maldita, Dios te va a castigar. Sención se esforzaba inútilmente por retirar su mano, que parecía haberse soldado en el lugar de la cara donde dio el golpe.

»Todos los empeños por separar la mano de la hija del rostro de la madre, resultaron completamente perdidos y, al fin, el padre, presa de la mayor consternación, fue a un ingenio distante en busca del enfermero, muy renombrado y que era al que se acudía por estos lugares en los casos de suma gravedad.

»El enfermero ante el temor de que pudiera 'irse en sangre' la anciana, se decidió por cortar la mano de Sención por la muñeca, y así lo hizo.

»La India resistió la operación sin lanzar una queja; pero concluida, salió, sin ser vista, por el fondo de la casa y se dirigió a la laguna, en cuyas aguas desapareció.

»Muchos años después, solo habitaba aquella casita la madre infeliz, dedicada a tejer sombreros finos de yarey, en lo que era muy experta, mientras en el lado izquierdo de su cara la mano cercenada, que con el tiempo se había vuelto de un rojo obscuro, dejaba ver sus cinco dedos y la parte colgante de la muñeca.

»Y por muchos años también, todos los viernes primero de luna, a las doce de la noche, se aparecía el 'alma en pena' de la india Sención, emergiendo de las aguas, esbelta, más alta de lo que había sido con sus dos trenzas a uno y al otro lado del cuello cayéndole sobre el pecho, como ella las usaba en vida, con sus dos brazos levantados al cielo, y, en el lugar de la mano derecha, el muñón cubierto por los vendajes que el enfermero le pusiera...»

LA LAGUNA DE LOS HOYUELOS

Después de la Cueva del Agua de Los Mogotes y El Charco La Palma del Undoso, la Laguna de los Hoyuelos es uno de los sitios más legendarios de Sagua La Grande. En épocas ya pasadas un enorme estanque de agua existía al otro lado de la línea del ferrocarril y este, junto al río, constituía parte de la geografía de nuestro pueblo. Sagua tenía un río y una laguna y si regresáramos a uno de nuestros antepasados en una máquina del tiempo, este no podría concebir a La Villa del Undoso sin «Laguna». Incluso en la actualidad a este barrio se le llama «La Laguna» a pesar de que sus calles están completamente secas. Hemos construido la hipótesis de que esta fue una especie de represa natural que nuestros indios contuvieron para abastecerse de agua, pues un buen día, durante el primer cuarto del siglo XX, nuestros padres la vaciaron.

Aquí por siglos se ahogaban los pobres vecinos de Sagua, se hundían carretas de bueyes completamente cargadas, aparecía la Madre-Agua del Mogote y El Güije del Charco La Palma. Al parecer todo el manto freático de la región estaba comunicado a este importante centro acuífero de Sagua. El terror a esta laguna era superior a cualquier otro punto geográfico. Pero veamos la descripción de Pedro Marino Ruiz Rojas en 1939:

«Siguiendo por la calle de Máximo Gómez, la primer cuadra de buenas viviendas, hasta hace poco era una cerca de los terrenos dentro de los cuales, llamados Quinta Someillán, existió la Casa de Salud de los Licenciados del Ejército o Cosmopolita; enseguida tenemos los terrenos del Taller de maderas, ocupados antes en gran parte por la Laguna de los Hoyuelos, que aún cuando no existe actualmente, es un lugar importante de Sagua, señalados en los planos de la población, con sus historias y leyendas; esa laguna antigua barrera, o lugar donde se sacaba barro para los tejares, llegó a tener una gran extensión y decimos barrera, pues en su desecación no se encontraron manantiales de ninguna clase, en ella tomaba agua la Empresa del Ferrocarril, hace muchos años, se trató de la desecación de la Laguna, como medida higiénica; pero hubo mucha oposición, alegando que de ella se surtían de agua, algunas industrias y el Ferrocarril, siendo abandonado el proyecto.

»Junto a la LAGUNA existía la Pailería del Sr. Planas, y también un callejón, que partiendo por donde está hoy la línea a Corralillo, comunica con el Camino de Santo Tomás del Abra, cuyo callejón fue cerrado por la Empresa del Ferrocarril, a pesar de todas las gestiones hechas por Planas y entonces éste en una noche desecó la laguna;se dice que él conocía por donde se comunicaba la laguna con una furnia o sumidero y había destapado la entrada. La Empresa al perder el agua de la laguna, estableció su aguada en Sitiecito, y pasando el tiempo la laguna volvió a llenarse, estableciéndose allí el Taller de Maderas».

Fue el propio Pedro Marino en 1909, cuando era Maestro de Obras Municipales, el que decidió hacer dos pozos para desaguar La Laguna lográndolo por fín después de tantos años de especulaciones. La vieja tradición establecía que existía una furnia natural 'TAPONADA' desde la época de los indios pero Marino nunca la pudo encontrar. Después de vaciar la vieja laguna fue que se demostró que la leyenda era real encontrándose la furnia o caño natural por donde se comunicaban las aguas de La Laguna con el Manto Freático. Nos contó Don Pedro Marino Ruiz que esta se encontraba al lado del gran algibe construido por el Sr. Valentín Arenas, para surtir de agua el Taller de Maderas.

Con esta desecación de la Laguna muchos afirmaron que la historia de Carretas Perdidas, ahogados y Monstruos eran falsas puesto que la Laguna no tenía la horrenda profundidad de la Leyenda, pero siempre quedó la duda de «el desagüe» o caño por donde desaparecían las aguas hacia la profundidad. No se necesita profundidad sino «DRENAJE» para que la leyenda persista. De ahí que después de la desaparicion de La Laguna de los Hoyuelos los Mitos no han podido destruirse y muchos continúan afirmando que por esa Furnia era por donde nadaba desde El Mogote la horrenda Madre del Agua y a la vez el ancestral negrito del Charco La Palma (El Güije»). Suponemos que para completar la tesis el orificio debió ser mayor en tiempos de leyenda pues de lo contrario hoy en día encontraríamos a las tantas carretas pedidas en sus funestas aguas. Si un día desapareció tanta gente como afirma la tradición, esto se debió al peligroso embudo más tarde taponado, pero de ninguna forma los amantes de La Leyenda aceptarán que tantos siglos de interesantes anécdotas vayan a desaparecer con el desagüe de La Laguna De Los Hoyuelos. A continuación les narraré lo que recopilaron los alumnos del Instituto de Sagua en 1940 entre los que se encontraba mi amigo y codiciado escritor de la revista «El Undoso», el doctor Marco Antonio Landa, lamentablemente fallecido:

«El vizcaíno Ignacio Lohera ocupaba el puesto de encargado de los Almacenes de Hoyuelos, cuando la Laguna de este nombre se encontraba en su magnífico esplendor. Bandas de gansos, garzas y patos adornaban las tranquilas y relucientes aguas de esta legendaria laguna sagüera. En aquel tiempo cualquier hecho por insignificante que fuera, era recogido por la calenturienta imaginación popular, y transformados a su antojo en hechos de exagerada magnitud que hacía poner los pelos de punta a los incrédulos habitantes de este pueblo.

»Ejemplo patente de lo anterior lo constituye la bellísima leyenda que rodea la Laguna de los Hoyuelos.

»Decía esta leyenda que 'todo aquel que penetraba en esta laguna desaparecía para siempre'. También se afirmaba que una yunta de bueyes había desaparecido en sus aguas.

»Aunque nadie había visto al monstruo, muchos afirmaban que se trataba de una serpiente de gigantescas proporciones, mientras que otros achacaban las desapariciones a una madre de agua, que como una sombra negra se llevaba sobre la superficie de las aguas y devoraba todo cuanto encontraba en su camino. Esto último era sostenido por Juan Oyuelos, Moreno que vendía por las calles de la población el agua extraída del aljibe de los Almacenes, que aseguraba haber visto a la espantosa madre de agua en varias ocasiones.

»Los viejos y aún los jóvenes escuchaban con atención las fantásticas narraciones del moreno Juan y adornándolas con algo de su propia cosecha, las repetían más adelante.

»Lo verdaderamente extraño de este caso, es que, aunque nadie había visto ni la madre de agua ni la serpiente gigantesca, todos los habitantes de nuestro pueblo estaban materialmente seguros de la veracidad de las afirmaciones del moreno, y sentían verdadero terror por la Laguna de los Hoyuelos. Lo que constituye la única verdad de esta leyenda, es que nadie se aventuraba a penetrar en las aguas de la laguna, y aún hoy los pocos que lo hacen en lo que queda de ella, experimentan cierto temor por la madre de agua que existe según la leyenda de *La Madre de Agua de la Laguna de los Hoyuelos*».

LA EXTRAÑA LUZ DE LA LAGUNA DE CANTO

Fascinante y romántica resulta esta brumosa laguna donde una misteriosa luz se pasea desapercibida por sus oscuras aguas como luciérnaga gigante desde épocas remotas sin que ningún sagüero se haya atrevido a investigarla.

Nunca se ha podido explicar el origen de este enigmático fenómeno tan propio de este reducto del Undoso. Se trata de una bola azulada de ténue fuego que en ocasiones ha corrido detrás de asustados campesinos casi hasta sus propios bohíos desde que Sagua fue habitada en la época colonial.

Este espanto ocurre al anochecer aunque no en todas las noches sagüeras. Puede vérsele, según descripciones de testigos, del tamaño de un coco, muy tranquila, flotando a medio metro de las orillas como si descansara de sus correlatas nocturnas, pero en ocasiones ha ido aumentando su volumen mientras los espantados merodeadores del lugar huyen como alma que lleva el diablo y esta los persigue en toda la trayectoria. ¿No querrá esta amenazadora burbuja que todos se alejen del área? ... ¿O acaso el humano es una simple atracción para esta simpática bolita de fuego? La Laguna de Canto fue el encantador remanso de paz del escritor y poeta sagüero Don Francisco Canto y Nores quien al parecer vivía en perfecta armonía con este curioso elemental del Undoso.

EL CABALLO BAYO[10]

En los alrededores de la Villa del Undoso Don Rafael Morejón era propietario de fincas de potreros y colonias de caña. «Era, en fin, la cabeza de una de las familias de aquel mundo patriarchal, ya desaparecido y olvidado en nuestros días». Su amor principal era por los caballos pero en especial por uno de color blanco amarillento; bayo de cabos negros, con la crin y los cascos negros a los que llaman «Bayo» y que siendo su preferido le dedicaba varias horas en las tardes. La noble bestia, a la cual nombraba General, también le correspondía con extremo cariño y apego al oir su voz. Por las tardes salían a pasear siendo la admiración de todos con los que se cruzaban en su camino. Parecían todo un matrimonio, bien vestido el jinete, bien reluciente el animal.

«El día que me muera, espero que San Pedro me permita entrar montado para llevármelo conmigo, porque me temo que nadie va a cuidarlo como yo lo cuido» —comentaba a cada rato Don Rafael.

«Tenía un ayudante que se ocupaba de los caballos, de la yeguada y de General; pero el hombre no podía ensillar el caballo hasta que él no estuviera presente, ya que vigilaba detenidamente todo el trajín de colocarle el paño, el basto, la montura, apretarle la cincha y ponerle el bocado; cuidando que el paño no formara arrugas,

---

[10] Nota :Esta historia ha sido contada con varios nombres y estilos propios pero he decidido escoger la versión de Don Rafael Rasco con quien he tenido el gusto de conversar, extractándola para ajustarla a este libro.

la cincha no estuviera torcida o la barbada muy apretada. Aquello era un rito sagrado».

Una tarde al regresar de uno de los rutinarios paseos Don Rafael se sintió mal y Luisa su hija que lo vio le preguntó:

«¿Qué le pasa papaíto …?¿Se siente mal?»

No, no es nada —repuso aquel hombre del que siempre se había dicho que era un roble—, sentí como un mareo, pero ya se me quitó.

Se levantó, poniéndose de pie para demostrar que nada le pasaba y hasta sacó del bolsillo de su gabán un señor tabaco para fumárselo. Lo sacó pero no llegó a encenderlo, porque el mareo se le presentó de nuevo. El tabaco se le cayó de la boca y tuvo que sentarse de nuevo en la caja de madera

Benito, el hombre que cuidaba los caballos se acercó con preocupación y entre él y la hija lo Intentaron llevar a su habitación pero Rafael, dándose cuenta que el ayudante abandonaba el caballo, le dijo molesto:

—Benito, quédate con el caballo, estate al tanto para que no tome agua acabado de comer maíz.

Y algo más suave añadió:

Cuídame a General.

Aquel caballero se preocupaba más por su caballo que por su propia salud. Su esposa muy preocupada junto a la cama le daba toda clase de atenciones pero él solamente pensaba y hablaba de si Benito estaba atendiendo bien a General.

—!Dios mío…! —fue la exclamación de su mujer— Ahí lo tienen, enfermo por primera vez en su vida, con mareos, con la edad que tiene, que ya no es un muchacho aunque él se lo siga creyendo, y está preocupado con el problema del agua del caballo».

Por fin llegó el doctor Adolfo Rodríguez el más conocido galeno de Sagua La Grande el cual después de hablar un poco de las actualidades cubanas con el enfermo le preguntó:

¿Cómo fue eso de los mareos que le dieron, don Rafael?

Cosa sin importancia —repuso el paciente— y empezó a contarle dónde él estaba, supervisando la comida de General, que acababa de regresar de su acostumbrado paseo y que en ese día no había tenido ningún incidente, nada que valiera la pena de recordar, quizás excepto una acalorada discusión con alguien que prefería no mencionar, en el Liceo al mediodía, después de almorzar.

Don Adolfito entonces le recomendó que a partir de ese momento iba a tener que llevar una vida más tranquila absteniéndose incluso de los paseos a caballo en las tardes, lo cual fue terrible para el doliente que con este golpe sintió que su condición empeoraba y muy dolido por su nueva vida murió a los pocos días.

Pasó el tiempo y su nieto, también llamado Rafael, haciéndole comprender a la abuela que General estaba engordando mucho por falta de movimiento, ella decidió regalárselo y el muchacho orgulloso lo sacó a la calle ante la mirada curiosa de la muchedumbre que siempre lo había asociado al viejo Rafael.

El nieto decidió llevarlo a la carretera para hacerlo correr un poco y quitarle lo arisco de su comportamiento, no hacía más que resoplar y emitir un sonido ronco como si se fuera a espantar. Al llegar a la amplia pista General sin pensarlo mucho se echó a correr y nada más pudo hacer el joven para detenerlo. Muy asustado vio como la bestia a velocidad vertiginosa se fue alejando de Sagua y de pronto haciendo una brusca curva penetró en el Cementerio. Entre tumbas y panteones no dejó de correr hasta que de repente se detuvo frente a una lápida que Rafelito leyó con horror: «Rafael Morejón Pereira y Familia». !No podía creer que esta bestia pudiera haber ido directo a una tumba que no conocía!. ¿Que extraño fenómeno aquí había ocurrido?.

Benito sí lo supo cuando este se lo explicó:

«Los caballos, al igual que los perros, ven, sienten y huelen a los muertos; y en el caso del amo, oyen la voz que los llama por lejos que esté.

»Ante el silencio de su interlocutor que estaba mudo, terminó con estas palabras:

»—Y en este caso es muy natural... don Rafael vivía enamorado de su caballo, lo quería como se puede querer a un cristiano, como si no fuera animal...por eso lo llamó, lo hizo ir a verlo al cementerio. Mira, muchacho, él —que en paz descanse— lo dijo muchas veces: que el día que se muriera, iba a llevárselo pal otro mundo, y parece que quiere cumplirlo.

»El nieto de don Rafael, ante las explicaciones de Benito, se quedó deprimido, sintió el mismo terror que había experimentado en el cementerio cuando vio el nombre del panteón de su abuelo, y no pudo encontrarle explicación razonable al asunto. No pudo entonces, ni nunca».

Pero más curioso aún lo fue el sueño que tuvo esa noche Ramón el esposo de Luisa donde vio nítidamente a Don Rafael venir a buscar a su caballo. Ante el horror de todos la bestia amaneció muerta al día siguiente, era como si el viejo hubiera avisado por medio de sueño de que iría a buscar a su amado caballo para así tenerlos avisados de tan impactante final.

Amigos míos, cosas del más allá que no deben buscarle explicación.

No siempre el cariño es sano, porque «hay amores que matan»...

LA CAPA DEL CEMENTERIO[11]

Era una noche lluviosa de 1854, no había parado de diluviar en todo el día y los perturbadores truenos hacían santiguar a las abuelas, que a la luz de las velas, tejían con largas agujetas. Toda Sagua estaba encerrada en sus viviendas a punto de dormir pues no era mucho el entretenimiento casero que existía y los jóvenes más inquietos tenían que crear su distracción diaria para así poder saciar esa llama de aventura tan propia de la edad. Todos los farolillos de carbón del frente de las casas estaban apagados y la Villa del Undoso hundida en tinieblas densas.

Los únicos seres vivientes que osaban transitar por las oscuras calles lo eran algunos perros vagabundos y un grupo de muchachones, que sin nada que hacer, planeaban algún reto entre la iglesia de madera y la Plaza del Recuerdo en las esquinas de las calles Progreso y Esperanza. Todos con capas de agua y un farolito que protegían del atronador diluvio. Allí esperaban a las 12 de la noche, hora siniestra en que la mano del demonio asecha al débil para alimentarse con la energía de su pánico.

---

[11] Existen dos versiones más de este relato en Sagua La Grande, pero teniendo en cuenta que la aquí narrada es la más antigua de las tres, deducimos por tanto, que ambas son deformaciones agregadas con el tiempo.

Faltando solo 15 minutos para la hora más temida del siglo XIX, el grupo de 6 jóvenes comenzó a caminar por toda la calle de Colón y al llegar a Aurora bajaron a buscar el Barrio de Rodas tramo fangoso donde aún estaba por construir las calles asfaltadas. A partir del límite de Virtudes comenzaba la larga y temida alameda del Cementerio, lugar jamás visitado de noche, y mucho menos «a las doce». Los muchachos intentaban acompañar a Celestino y Fermín, los dos desafortunados que les había tocado por sorteo, penetrar en el camposanto y clavar una estaca en la tumba de un odioso español de la policía local que se decía estaba endemoniado poco antes de morir.

Al llegar a la calle Virtudes terminó el apoyo de la comitiva y ambos tuvieron que continuar solitarios a lo largo de la recta avenida de álamos y gigantescos árboles que formaban una aterradora garganta forestal hacia el «más allá». La ruta del cementerio iluminada por los constantes relámpagos y el aplastante golpe del temporal tenía ya muy alterado a Fermín que era el elegido para la satánica misión de profanación que de no ser por su honor ya se hubiera retirado del supuesto juego.

Al llegar al gran portón Celestino abrió la verja de hierro y esperó que su amigo pasara primero, ya era muy grande el terror que los dominaba pero tenían que continuar. Con pasos muy medidos se adentraron en el cementerio donde una gran elípse de mármol negro anunciaba en letras doradas:

«*Spectamos hic, donee veniat immutatio nostra*». Un camino conducía hacia la derecha en medio de hermosos y decorados sepulcros de gente de mejor condición social, pero al final del camino comenzaban las cruces de hierro clavadas en tierra donde debían encontrar el reducto de su víctima. La cerrada lluvia apenas les permitía leer las inscripciones en lápidas y cruces, pero el sitio ya lo conocían de antemano y esto les permitió localizarlo sin error a equivocarse. Allí estaba la sepultura del loco al que debían desafiar y mirando su reloj de bolsillo Celestino señaló a Fermín que ya debía comenzar.

El joven tembloroso casi a punto de estallar comenzó a clavar la estaca con una piedra que apenas podia controlar por sus encrispados nervios, y luego de varios golpes el tronco quedó firme en el fango de la fosa.

Vamos, vamos ya —le dijo Celestino— ya terminaste tu misión, vámonos de aquí...

Pero no había terminado de dar su orden cuando un espantoso grito le congeló la sangre en cada una de las arterias de su cuerpo. La cara de Fermín había quedado con una expresión de verdadero espanto y la boca abierta no emitía ninguna frase. Su amigo completamente fuera de sí soltó el farol y corrió a tacto por todo el estrecho camino de tumbas, hasta que encontrado la entrada salió disparado por la recta avenida de Concha gritado a todo pulmón: —«Corran, corran...»

Los amigos que allí esperaban, horrorizados con la actitud del infeliz colega, salieron disparados en distintas direcciones hasta llegar a sus casas donde se metieron en sus camas y sin poder dormir ni un solo segundo en todo el resto de la noche, esperaron impaciente al día siguiente.

La noticia de la mañana fue impactante, había aparecido el cadáver del joven Fermín en una tumba conocida del Cementerio de Sagua y sus ojos muy abiertos expresaban que algo espantoso debió haberle sucedido. No se le halló ninguna herida en su cuerpo y la autopsia no revelaba venenos ni otros tipos de posibles causas artificiales. No cabía dudas que el muchacho había muerto de miedo, un infarto instantáneo lo había fulminado. Nadie ofreció testimonios y ninguno de los amigos de aventura se atrevió a hablar por el momento.

A pocos pasos de su cadáver se encontró su capa clavada a una estaca de madera...

INVASIÓN DE HORMIGAS

Aunque este fenómeno ha ocurrido en otras partes del planeta, sin que aún se tenga una explicación convincente de su causa, en Sagua ocurrió en 1830 justo cuando se fundaba la primera escuela por Don José Cabrera. Contaban los impresionados testigos de la época que una monstruosa invasión de enormes hormigas comenzó a llegar a Sagua desde «tierra adentro» y de forma aterradora devoraban todo lo que encontrasen en su camino ya fuera animal, vegetal, incluso humano.

Los sagüeros, horrorizados, untaban grasas en las patas de sus camas para así evitar que los siniestros ataques de los insectos pertubaran su necesario sueño después del profundo cansancio de un día de combates contra la plaga. En sus corrales encontraban muertos a sus animales menores como pollitos, conejos y hasta puerquitos y chivos, cosa que los horrorizaba, pero hubo casos hasta de niños de pecho cuando eran encontrados solos.

Este horror zoológico tiene visos de realidad al haber sido muy bien documentado por los estudiosos del siglo XIX y haberse publicado en periódicos serios de aquellos tiempos. La narración se ha transmitido de boca en boca hasta llegar a nuestros días.

CURIOSIDADES SAGUERAS

Vista aérea del centro urbano de Sagua

EL SECUESTRO DE HEMENWAY

Jamiguel, le decían cariñosamente los sagüeros del siglo XIX a este bondadoso gringo que tanto amaba y ayudaba a los pobres de Sagua La Grande, pero a pesar de su bondad, en una ocasión estuvo secuestrado por unos sagüeros los cuales pidieron dinero a cambio de su libertad. Augustus Hemenway fue uno de los comerciantes más influyentes de Boston.

Nació en Salem en 1805, y como muchos muchachos de ese período lo obligaron a ir a trabajar cuando era muy joven y con su espíritu de comerciante comenzó sus negocios propios en ciudades de la costa en Maine los cuales ramificó hacia fuera, y antes de 1836 ya estaba en el negocio bajo la firma de A. Hemenway y Co.
Poseyó ocho grandes naves que construyó para su propio negocio, bajo, y que manejó desde Valparaíso, donde tenía sus almacenes. Los nombres de estos barcos eran: «City of Valparaíso», «City of Santiago», «Independence», «Magellan», «San Carlos», «Prospero», «Sunbeam», y «Quintero». Negociaba además con cualquier producto americano que él consideraba vendible en la costa oeste de América del Sur. Además de su negocio de Valparaíso, Hemenway poseyó un township entero en Maine con su propio aserradero en Machias.

Fue en este aserradero donde Don Augustus cortó los tablones que sirvieron para levantar su finca en Sagua La Grande, Cuba donde poseía una plantación y un trapiche o ingenio azucarero cerca del río en el sitio actual de San Jorge, uno de sus retiros más amados de América. Una tarde del invierno, mientras marchaba de Sagua al ingenio de St. George, unos insurrectos lo capturaron y lo escondieron para pedir dinero a cambio; el encargado de la Finca que lo acompañaba estaba aterrorizado pero Don Agustín en cambio, con su sangre fría, pasó toda la noche fumando y conversando con los secuestradores hasta que con la salida del sol, su encargado del ingenio el Sr. Bartlett, fue al banco de Sagua de donde extrajo los fondos necesarios para pagar la libertad de su patrón. Este capítulo de su vida en Sagua termina felizmente, pero Hemenway nunca más hizo el camino de Sagua a San Jorge a Caballo sino que optó por hacerlo en el tren recién inaugurado. Muere a finales de los 1860s. Se dice que en los alrededores de su casa junto al río Sagua se encuentra enterrada la momia de su antecesor azucarero Don Jorge Battle (Ver' «La Momia de Sagua»)[12].

LA VIEJA DE JIQUIABO

El acontecimiento más grande de la Sagua de 1882 lo fueron «los milagros de la vieja de Jiquiabo» como le llamaban popularmente en toda la jurisdicción.

Nos cuentan los abuelos que la gente de Sagua, Sitiecito, Cifuentes, Santo Domingo y Quemado de Güines, entre otros poblados de los alrededores, acudían en cientos a este oculto caserío al sudoeste de la Villa del Undoso, con el fin de poner a sus enfermos en manos de una vieja curandera que de pronto adquirió verdadera fama cuando, con unos simples trapitos, comenzó a realizar asombrosas curaciones. Se dice que muchos inválidos caminaron, muchos ciegos vieron nuestros verdes campos por primera vez y muchos locos expulsaron sus demonios al ser exorcizado por la pequeña brujilla de los campos de Sagua.

Doña Antonia Otero era natural de Galicia, pero antes de radicarse en Jiquiabo, vivió algunos años en Sagua en la calle Cruz (hoy Padre Varela) donde tenía un pequeño negocio y donde además ya comenzaba a destacarse con sus dones naturales de sanación. Establecida entre los palmares y las viejas ceibas de Jiquiabo, encontró su mejor sitio donde poder albergar a sus numerosos enfermos los cuales llegaron a ser cientos ya que sus mismos familiares cargaban con catres, colchas y almohadas que luego dejaban en el sitio a manera de donación cuando sus seres queridos eran curados.

Con el tiempo se construyeron largas barracas sin paredes, o techos de guano para la protección de los emfermos y todo este revuelo llegó a llamar la atención de los gobiernos locales y la iglesia sin atreverse a intervenir ellos en el asunto, debido a la enorme popularidad de la anciana, a la que ya muchos llamaban; «Nuestra Señora de Jiquiabo» debido a los asombrosos milagros médicos que la ciencia no

---

[12] Debemos recordar además que Mister Agustín Hemenway fue un benefactor de los niños sagüeros y aportaba anualidades fijas de $ 688. 35 en oro para esa noble causa. Pero además amaba tanto a Sagua que contribuía con todas las obras que pudieran darle progreso. Fue el primero que estudió y propuso al gobierno local la canalización del río para así facilitar el trasporte nacional e internacional marítimo por lo que se conocía como «el hombre de la canalización»; así como la construcción de un camino que uniera a Sagua y su puerto La Boca.

podía explicar. El cura párroco de Santo Domingo fue el testigo más cercano de estos milagros los cuales le hicieron apoyar fervientemente la noble causa, redactando incluso folletos a favor de «La Vieja», e invitando a los vecinos y visitantes a que acudieran a ella. Su fama la llevó a que el alcalde de Cárdenas la invitara unos días a su propia casa y le permitiera vender sus famosos «trapitos» y otros productos de curación, aunque algunos católicos más conservadores nunca aceptaron oficialmente estos insólitos acontecimientos y la llamaban «La Bruja de Jiquiabo».

La peregrinación a Jiquiabo fue un hecho muy conocido a finales del siglo XIX.

EL VIEJO PUEBLO INDIO

Carahatas es sin duda el núcleo prehistórico más antiguo de la jurisdicción de Sagua La Grande que haya sido descrito por los cronistas españoles, pues otros pueblos encontrados arqueologicamente por el grupo de investigaciones Sabaneque de Sagua, han sido fechados con mayor antigüedad (1980).

En la Historia oficial de la Isla de Cuba, aparece como una de las aldeas que visitaron los españoles durante los primeros años de la conquista. Esto ocurrió en la lejana fecha de 1511, cuando la expedición de Don Pánfilo de Nalváez hizo su escala en este curioso palafito taíno del prehistórico territorio Sabaneque.

El padre Fray Bartomé de las Casas, que lo acompañaba, describió la estancia en este paraíso costero de casitas sobre horcones (como las actuales Isabela y Uvero), y la abundancia de comida a base de pescados y papagayos que le ofrecieron los aborígenes sagüeros durante su campamento de 15 días.

Esto es lo que ahora se llama «Punta Pavía «junto a «Carahatas la vieja», sitio en que hasta finales del siglo XIX, los vecinos del sitio extraían «troncos enterrados en el fango» para los hornos locales; personalmente nuestro grupo de exploraciones encontró algunos de estos puntales de apoyo en la zona mencionada hace varias décadas, los cuales nos pareció una buena prueba del antiguo palafito indio; los jóvenes arqueólogos deben buscar en el sitio del campamento (1985), pues allí deben existir los restos de diez mil papagayos que consumieron los conquistadores durante su estancia de dos semanas en la vieja jurisdicción de Sagua La Grande.

LOS «MAJAES» DE CIRIACO

Don Ciriaco Rojo, nacido en 1898 era el cazador de majaes más conocido de las Lomas del Mogote (Mogotes de Jumagua) desde la década de los años 1920s, tenía contrato abierto con Don Felipe Esparza (dueño de la botica de Céspedes y Padre Varela, frente al Casino Español) para venderle toda la manteca de majá que le trajera de Jumagua.

Llegó a tener gran habilidad en este raro «oficio de ofidios» el cual le permitió capturar hasta tres a la vez para que no se les escaparan y en este enredado espagueti de reptiles alguno que otro lo mordía, pero Ciriaco se tomaba un cuarto de botella de ron «para no sentir las mordidas de las boas». Cuando los ejemplares escaceaban en una cueva se iba a otra. Su última cueva lo fue la Cueva del Molino que está en la loma más al este de la cordillera; esta la tapió en los años cincuentas para que otros cazadores no la encontraran pero ya nunca más regresó a Jumagua y nadie más entró hasta la década del 70 que nuestro grupo la redescubrió tapada con cines, tablas, troncos y enredadera.

Durante esos primeros viajes pude constatar la gran cantidad de jutías que se refugia en esta cueva, lo cual nos indica que el ambiente ha cambiado mucho desde la época de Ciriaco Rojo cuando este era un verdadero reducto de Boas. Ahora debido a la abundancia de jutías decidí nombrarla como: «Cueva de la Jutía» y dos años después (1974) realicé su cartografía por primera vez con ese nombre (por derecho cartográfico). La cueva de Ciriaco había dejado de permanecer oculta en la montaña para la espeleología científica, pero teniendo en cuenta su virginidad tan frágil, decidimos tapiarla de nuevo como hacía el viejo cazador «para que no le robaran sus majaes» sólo que en esta ocasión «para que no nos robaran las jutías» y poder conservar además las bellezas naturales de las formaciones secundarias que con gran paciencia, gota a gota, ha esculpido la madre natura. La ausencia del majá trajo a esas jutías.

LAS GOLONDRINAS DE LA VIRGEN

Si el visitante de los Mogotes de Jumagua quiere ver un acontencimiento curioso, espere a las 6 de la tarde en el valle que está frente a la Loma del Abono, y mire hacia la Cueva de la Virgen donde a esa hora miles de golondrinas comienzan a penetrar por el apretado boquete, regresando de sus labores diarias de alimentación, para acotejarse en los millares de recovecos que esta gran caverna les ofrece como nidos.

Al unísono ocurre que la enorme población de murciélagos que lo ocupaban, le seden su puesto, para irse al exterior en noches de caza y alimentación.

Curioso fenómeno de intercambio en «horario laboral», donde unos llegan y otros parten.

LA COSTA DE ORO

Durante los primeros siglos de la colonización española, a todo el territorio Sabaneque, que luego se le llamó «Jurisdicción de Sagua La Grande», se le conocía como «La Costa de Oro» debido al exuberante bosque de maderas preciosas que aquí crecía y por la facilidad de adentrarse tierra adentro a través del río para obtenerlas y moverlas corriente abajo.

Los grandes astilleros de La Habana y de España, se surtían con madera de Sagua La Grande, y debe destacarse que según se ha dicho, toda la madera del Palacio «El Escorial» en España, proviene de estos bosques al norte de la provincia de Las Villas, Cuba.

Es de estos aserraderos que surgen el mayor porciento de las primeras familias sagüeras desde principio del siglo 16.

![Palacio "El Escorial" con su gran obra en madera]

CANOA ABORIGEN

Durante nuestras excavaciones arqueológicas en 1976, encontramos en el río Sagua, cerca del Júcaro, un tronco ahuecado por medio del fuego y debajo de este restos de una gran hoguera.

Aquel cascarón de madera tenía la forma de barco y supusimos por tanto que quizás allí se había intentado esta construcción, la cual fue abandonada al no quedar complacido el constructor.

En Cuba nunca ha aparecido una canoa aborigen, pero sí fueron muy bien descritas por los colonizadores, que incluso anotaron que los indios cubanos quemaban primero el tronco de un árbol para luego ahuecar con más facilidad la masa tostada por medio de una gubia de concha y hachas.

Tronco ahuecado por fuego, ¿Canoa?
"El Júcaro" Río Sagua La Grande- 1976
Pieza extraída de la excavación del "Júcaro A".

Estamos casi seguros que aquel tronco estaba trabajado por humanos pero no podemos saber por quién. De tratarse de una canoa India, esta sería la primera que aparece en la Isla de Cuba.

PALMITAS ENDÉMICAS

Sagua La Grande tiene una palmita que es única en el mundo; no existe otro lugar en Cuba ni en todo el planeta que tenga una igual.

La colonia crece en las primeras lomas (Oeste) de los Mogotes de Jumagua las cuales fueron relocalizadas por nuestro Grupo Sabaneque en 1976 y propuestas como símbolo vegetal local (título que aún no hemos logrado oficialmente).

La Hemithrinax ekmaniana (luego rectificada Thrinax ekmaniana), coloniza a los mogotes 2, 3 y 4 del Oeste pero curiosamente no existe ninguna en el resto de la cordillera, hecho que aumenta su interés endémico pues, era de suponer, que los 8 mogotes de Jumagua fuesen idénticos geológicamente.

CAJITA ENTERRADA
(La cápsula del tiempo)

Como si se tratase de una máquina del tiempo pudiéramos regresar al pasado si lográramos encontar una cápsula de tiempo enterrada debajo de la Iglesia de Sagua La Grande por nuestros antepasados, los cuales quisieron enviar hacia el futuro una cajita con documentos de la época en 1856, cuando se comenzaba la construcción de la gran iglesia sagüera.

Tres niñas condujeron una bandeja repleta de actas, documentos y periódicos de la época, cubiertos por un paño carnesí con franjas de oro, colocándose junto a la primera piedra, además de otras piezas como martillo, cuchara, y demás instrumentos de ceremonia.

Todo se sepultó en una caja de zinc, siendo bendecida por el Cura Interino Pbro. Don Francisco Barroso, rodeado por gran cantidad de sagüeros. Así que ya lo saben los arqueólogos sagüeros del futuro: «debajo de la iglesia parroquial existe una caja colocada en 1856, con documentos y periódicos de esa época»; nos gustaría poder ver el periódico: «Hoja Económica del Puerto de Sagua La Grande»en su década de fundación (1852), pues el más antiguo que posee nuestra colección procede de 1864 cuando ya se llamaba «El Sagua», pero, por favor, ¡Sin derrumbar la iglesia! ...

CÁRCEL SIN PRESOS

El 3 de Enero de 1899 se le dio la libertad a un grupo de presos políticos de la Cárcel debido a una disposición del General Don José J. Monteagudo. Junto a esta, se había recibido la orden del Presidente y el Fiscal de la Audiencia de Santa Clara, de liberar a otros prisioneros por causas pendientes o elevadas, por lo que la cárcel de Sagua quedó con muy pocos reclusos a los cuales se le fijó una fianza de mil pesetas si querían salir.

Ninguno pudo pagar semejante suma por lo que le rogaron al General Don José Luis Robau y al Alcalde Don Francisco de P. Machado que se les concediera la libertad.

El pueblo aglomerado junto al portón les pedía lo mismo, y así ellos decidieron conceder el clamor de la mayoría. Ese día Sagua La Grande ondeó la bandera blanca de «Cárcel sin Presos».

EL CARRITO DE LAS CARNES

En 1859 los sagüeros vieron por vez primera pasear por las calles de la Villa del Undoso a un trailer o remolque tirado por caballos, que herméticamente cerrado, transportaba las carnes para el Mercado. Lo inventó un ingenioso sagüero llamado Don José M. Ramos cansado de ver como las carnes eran llevadas de forma antihigiénica «a lomos de bestia» y rodeado por nubes de moscas.

Lo utilizó para su propio negocio pues era casillero en el Mercado, pero con el tiempo todos lo imitaron ya que el progreso se impone al atraso. El señor Ramos debe aparecer en el libro de los progresistas de Sagua La Grande.

EL ROBO DE LOS PLÁTANOS[13]

A poco de estar viviendo en Sagua Don Ventura Carrazana, que era un experto agricultor y que había traído muy buenas semillas para sus siembras de «La Vega» empezaron a adquirir fama los plátanos que se daban en sus terrenos, plátanos que eran vendidos facilmente y que Carrazana se hacía pagar muy bien.

Sin embargo, no todos los vecinos del Embarcadero (que era como entonces se llamaba el naciente caserío de Sagua La Grande) estaban conformes con el precio que le había puesto a sus plátanos Carrazana y trataron de conseguirlos más baratos. Carrazana empezó a notar que, con cierta frecuencia, amanecían matas despojadas de sus racimos y, aunque, al principio, no le dió mayor importancia al hecho, que consideraba algo de carácter accidental, la frecuencia del mismo lo hizo decidirse a tomar medidas que pusieran coto a aquel ataque repetido a sus intereses; y, provisto de una escopeta cargada con pólvora y sal en grano, empezó a pasarse las noches oculto en su platanal.

No tuvo que esperar muchos días. Una madrugada mientras dormitaba convencido ya de la inutilidad de su vigilancia, lo despabiló un ruido cercano. Estaban cortando un racimo. Sin perder la calma, esperó a que la operación quedara terminada y el racimo metido en un saco que el ladrón se echó al hombro, emprendiendo la vuelta al caserío con el ambicionado producto de su merodeo. Entonces sonó un tiro al que le siguió una imprecación y el ruido producido por alguien a quien Don Ventura no pudo conocer, que, después de abandonar la carga, corría velozmente a perderse en la oscuridad de la noche.

Al otro día se supo que uno de los vecinos de más nota del caserío, uno que había sido miembro del fugaz Ayuntamiento de 1822 a octubre de 1823 y al que se le atribuía una posición económica envidiable, obtenida en su comercio y en negocios con contrabandistas y negreros, estaba enfermo. Y, según le dijo a alguien, el médico del caserío, al vecino, al que llamaremos el Sr. X, porque se nos ha olvidado el verdadero nombre, le había salido de la noche a la mañana una especie de avispero que no le permitía en absoluto sentarse, por lo que se pasó más de un mes en la cama acostado boca abajo. Algunos, entre los maliciosos del caserío, quisieron encontrar, quizás si injustamente,

---

[13] De los recuerdos de la abuela de Javier Borrón.

cierta relación entre la enfermedad del Sr. X, y la sorpresa realizada por Don Ventura en su platanar...

EL GARROTE

Tradicionalmente en Cuba el fusilamiento ha sido una forma común de darle muerte a un criminal sentenciado a esa pena máxima, pero en 1856 llegó a Sagua una tenebrosa y repugnante máquina con apariencia medieval que les puso los pelos de punta a los prisioneros del pabellón de la muerte en la vieja cárcel municipal.

Le tocó inaugurarla, unos meses después, a un preso de la raza negra nombrado Apolonio Triana que en la noche del 7 de Agosto de 1856 había estrangulado a una madre y respetable señora sagüera en complicidad con otros negros de servicio en ese hogar. Este crimen fue muy repudiado por la sociedad sagüera de la época y un año después Triana fue llevado al garrote para expiar su crimen y ahorcado el 7 de Enero de 1857 a las 7 de la mañana.

Si repulsión puede causar un criminal, más repulsión causaba este infernal ingenio que les quitaba la vida de forma más lenta que las balas de un fusil y que a la vez servía de ejemplo público para toda la morbosa muchedumbre que lo observaba. «El Garrote Vil», se le llamaba simbológicamente por la forma tan villana o indigna de su funcionamiento.

Por suerte no se eternizó el revolucionario medio de muerte en nuestra Villa del Undoso, y el 14 de Agosto de 1886 fue la última vez que se sacó la vil invención a la concurrida Plaza del Recuerdo para ejecutar a cuatro condenados a la pena máxima. Los desafortunados fueron Don José Suárez, Don Antonio Cerrero, Don José Rodríguez y Don Pedro Torres.

Algunos afirman que la idea del garrote era «bien intencionada» para substituir a la cruel horca y al sádico fusilamiento, pero lo cierto es que nada más tétrico que aquel tornillo apretando lentamente la garganta del reo en medio de un parque atestado de curiosos.

Ni la moderna inyección letal o «anestesia de la muerte» agrega humanidad a una sentencia que no debería existir.

VENENO PARA ROBAU[14]

En 1897 el general Don José Luis Robau con toda su plana mayor, fue invitado a comer en casa del isleño Don Antonio Duque que era un amigo confiable el cual vivía frente al ingenio «Capitolio» cerca de Loma Bonita; pero Doña Narcisa, una de las principales auxiliares de la gran patriota Chacha Delmonte durante la Guerra de Independencia, se enteró de que en una botica de Sagua se había preparado un potente veneno para usarlo contra José Luis y llegó a tiempo para advertírselo.

El Jefe de la Brigada Sagua con sus oficiales pudieron comprobar que efectivamente aquella comida había sido envenenada y decidieron por ende ahorcar al traidor. Sagua La Grande estuvo a solo minutos de haber perdido a todo su Estado Mayor del Ejército Libertador Mambí de no haber sido por la rápida acción de la morena Narcisa.

---

[14] Nuestro grupo de exploraciones estuvo en la casa de Duque, frente al ingenio Capitolio, para ver de cerca el lugar de los hechos. La casa de Duque aún se conserva tal y como lucía 84 años atrás, solo el techo está lleno de agujeros, y una vez dentro nuestra piel se ponía de gallina al pensar que estábamos en la misma sala donde se sentó a desayunar toda la dirigencia de la Brigada Mambisa de Sagua La Grande (Brigada Sagua).

Una vez de regreso a Sagua el señor Antonio Huerres Duque (nieto de Duque) nos explicó que su familia no estaba de acuerdo con esa versión y nos explicó que su abuelo era inocente.

EL FANTASMA DEL MAUSOLEO

Ocurrió por los 1948. La población estaba muy alterada pues un fantasma estaba recorriendo algunas noches el Mausoleo donde están enterrados los Mártires de la Independencia del siglo XIX; algunos vecinos afirmaban que era un hombre encapuchado de blanco, otros que era un muerto errante, y el revuelo fue tal, que hasta se publicó en la prensa local y nacional. Por tal motivo la policía de Sagua decidió establecer un puesto de vigilancia con el fin de atrapar al sujeto, pero el primer vigilante no resistió el horror de encontrarse con un espectro y nunca entró en el parque para su registro. Con un nuevo vigilante, más valiente, bastó poco tiempo para que el fantasma apareciera de nuevo y este lo viera, a eso de las 2 de la madrugada, el vigilante pudo ver una figura blanca que se acercaba y comenzó a disparar al aire gritándole que se detuviera mientras corría detrás de él. Pero mientras esto hacían, se dieron cuenta que el fantasma tenía cuatro patas y nodos, como suponían. Detenidos ante lo bochornoso de su persecusión, comprendieron que se trataba de un caballo blanco. Después se supo que era propiedad de Hemenegildo el lechero que vivía en el Barrio La Gloria y lo dejaba allí algunas noches para que pastara. La burla del pueblo duró largo tiempo pues la prensa lo daba como un caso auténtico de fenómeno espiritista, se le sacaron coros y nunca faltó en los puntos guajiros en las controversias campesinas.

DE LA GLORIA AL INFIERNO

En la década de 1920 se incorpora a Sagua La Grande el transporte público de ómnibus y entre las primeras rutas estaba una que corría desde el Reparto Victoria hasta el barrio General Nodarse, otra hacía su ruta entre el Barrio La Gloria hasta el Alambique o Destilería «El Infierno» del señor Beguiristain.

Refiriéndose a esta última, el divertido y creativo pueblo sacó un chiste que decía: ¿En cual pueblo de Cuba se puede ir de La Gloria al Infierno en 5 minutos?. Respuesta: «En Sagua, pues se va del Barrio La Gloria al Alambique El Infierno en cinco minutos».

Existió también una ruta de ómnibus del señor Prieto que decía «De la Gloria al Infierno por 5 centavos».

FALSA ALARMA

Un hecho algo gracioso y bordeando lo ridículo ocurrió en 1898 cuando el ejército de voluntarios de Isabela de Sagua se movilizó para «combatir al enemigo» que los estaba cañoneando a la altura de Cayo Cristo. Los cañoneros españoles el Lealtad y Mayarí respondieron con disparos al aire y comenzaron los preparativos para la gran guerra contra los norteamericanos, y el valiente pueblo dijo presente a las filas.

Más tarde en el tiempo confesaron su ridículo pues no se habían enterado que se trataba de unas maniobras de simulacro que la escuadra Yankee realizaba en nuestros cayos. Algunos cronistas posteriores han tergiversado la historia (inocentemente) narrando un ataque con proyectiles a casas de Isabela, pero este fue el pretexto usado por algunos de los militares responsables ante la verguenza de tener que confesar y publicar en artículos, con jocosidad, su ridículo error.

Muchos años después, cuando ya todo era lejano pasado, los retirados jefes de puerto, marina y tropas confesaron, con jocosidad, la historia real del supuesto ataque norteamericano al pintoresco puerto de Sagua, los norteamericanos por su parte «nunca se enteraron del combate» por lo que no aparece en su historia naval.

FERROCARRIL A PLAYA UVERO

A mediados de la era republicana y hasta 1959, Sagua la Grande tuvo sus trencitos que daban viajes desde el Barrio San Juan hasta Uvero. La estación de vía estrecha estaba en la esquina de la calle Martí y Carretera a Resulta (frente al Obelisco a Gómez y Escuela Jesuita), era el llamado «Paradero de Resulta», un pequeño pero muy práctico edificio de dos plantas que atendía a los pasajeros y otras funciones del ferrocarril de Resulta que tenía ramificaciones no solo a Uvero si no a muchos pueblitos y fincas al este de Sagua.

TRENES QUE DABAN VIAJES ENTRE LA VILLA DEL UNDOSO Y LA PLAYA UVERO

Tintín Colle

Este es uno de los tres trenes que daban viajes entre la Villa del Undoso y la Playa Uv
Conductor: Pancho / Fecha: Década de 1940

Los trencitos tenían diferentes tamaños y constituían una especie de «ferrotaxis» que mantenían el contacto de los sagüeros con su amada playa.

Trencito de Chapeaux / Sagua - Uvero

La idea de conquistar este pedazo de costa repleta de mangles y pantanos fue de la señora Alejandrina Núñez de León, directora y maestra del Kindergarten # 4 de Sagua La Grande, quien creó la «Colonia Infantil de Playa Uvero» en 1934 con un batallón de entusiasmados muchachos que asaltaban este paraíso de sol y mar escondido en el agreste litoral para veranear y tomar el aire puro. Esta brillante idea a favor de la niñez sagüera luego se convirtió en conquista de familias que comenzaron a construir sus casitas.

EL YOGUI DE LA PLAZA

La Plaza del Mercado de Sagua La Grande era un centro de comercio muy concurrido debido a los numerosos puestos de frutas, vegetales, viandas, carnes, pescados y mariscos. Todas las mañanas la población se volcaba hacia allí y el enorme bullicio era ensordecedor. Pero había solo una persona a quien no le molestaba aquella estridente muchedumbre.

Allí se pregonaban las ventas de todas las formas posibles se gritaba, se ponían carteles, y fue curiosidad en la década de 1920 la presencia de un abstraído faquir que sentado en posición de loto sobre una de las mesetas de mármol, se comía todo un racimo de plátanos sin detenerse en medio de una muchedumbre que apostaba en favor o en contra de tan difícil tarea.

El meditativo yogui, sin prestar atención al bullicio, aumentaba cada día su meta bananera y hasta llegó a incorporar alimentos extras como queso y «pequeños saladitos» para así calmar su voraz hambre», pero no se detenía nunca, nadie lo vio jamás haciendo un paréntesis o algún truco, siempre masticaba un plátano detrás otro, alguna fruta u otro alimento, lo cual despertaba el apetito entre los compradores allí presentes.

Excelente anuncio comercial y forma simple de ganar dinero alimentándose.

LA CENCERRADA

En la Cuba del siglo 19 existía la burlesca costumbre de la «cencerrada» a las viudas en la noche que se casaban.

Esta comparsa arribaba a la residencia de la pobre víctima y con cencerros, cazuelas, sartenes, cuernos y otros artefactos de sonidos, le formaban la bulla en su propia puerta, para bochorno de una familia,- que atada a las exigencias morales de la época, entendían que habían traicionado a la memoria del cónyuge fallecido.

A Sagua le tocó una cencerrada en 1879 cuando la viuda de Guardado decidió casarse de nuevo, y hasta la prensa de La Habana habló del asunto.

El periódico «El Tiempo» de Sagua La Grande, censuró esta antisocial y primitiva conducta, la cual continuó siendo parte de folklore cubano hasta principios del siglo 20.

LOS NOCTÁMBULOS DE CHUCHÚ

Por la década de 1920 el señor José González, álias Chuchú, se dedicaba con un numeroso grupo de amigos cantantes y guitarristas a dar serenatas y amenizar fiestas caseras nocturnas tanto de quinces, cumpleaños y en cuanto sitio festivo pudiesen colar, de ahí que el pueblo los bautizara como «Los Noctámbulos de Chuchú».

Una noche el Teniente del Ejército Sr. Casanova celebraba una fiesta de cumpleaños a una de sus dos hijas en su casa en Carmen Ribalta entre Plácido y General Lee, y allí se aparecieron los noctámbulos en su puerta diciéndole al portero que le comunicara a Casanova que allí estaba «Chuchú y sus Noctámbulos»; el Sargento portero, se lo comunicó a su jefe y al rato regresó para decirle al grupo: «Dice el Teniente que pase Chuchú, pero que los Noctámbulos se queden afuera»...

PAPÁ MONTERO

Muy popular en Isabela y en Sagua a principios del siglo XX lo era este negro que llegó a una edad muy avanzada sin abandonar su carácter festivo y pachanguero. Su alegría era contagiosa y se le veía en cuanta fiesta se formaba en su barrio isabelino y en ocasiones en Sagua.

Con su cabeza blanca como algodón salía de rumba «Papá Montero» con unas atractivas mulatas que siempre lo acompañaban en sus famosos espectáculos, cosa que siempre molestó a su esposa la cual esperó pacientemente a su funeral «para decírselo». Cuenta la leyenda que el velorio de «Papá Montero» fue todo un festival de percusión donde los tambores, tumbadoras y gangarrias de toda Sagua se unieron para complacer al difunto, que así lo había pedido, y en medio del bullicio de improvisaciones rimáticas de los cantantes, se acercó la esposa, que hasta el momento había permanecido muy callada, e improvisó un estribillo de venganza al muerto:

> A velar a Papá Montero, zumba, ¡Canalla Rumbero!,
> A velar a Papá Montero —contestó el coro—

y todos riendo apoyaron a la negra vieja que herida en su amor propio vio aquí la ocasión para desahogarse...

El acontecimiento fue tan famoso en la época, que su medio hermano, Don Eliseo Grenet, lo rescató en una de sus composiciones la cual expresa en un estribillo: «A velar a Papá Montero...»; y en la actualidad otros compositores lo siguen recordando. En 1949, Carreño lo inmortaliza en uno de sus cuadros el cual tituló: «Los Funerales de Papá Montero». Y de esta forma, Sagua ubica otra de sus mitos folklóricos en el escenario nacional.

EL CONDE Y LA REINA

Cuenta la tradición popular que en 1855, durante los planes de construcción del progresista ferrocarril de Sagua, el Conde Moré (Don José Eugenio Moré) le pidió con respeto y admiración a la Reina Isabel de España en una carta, que le permitiese fabricar el piso de la Estación de Ferrocarril de Sagua La Grande con monedas (acabadas de acuñar) en cuyo anverso aparecía el rostro de su majestad; buen pretexto para que fuera pisoteada por todo el humilde pueblo.

La reina, inmutable, sin mucho análisis y estudio, contestó al conde en la lejana Cuba, aceptando la petición, pero agregándole, que «todas las monedas debían ir de canto».

Y así terminó el ingenioso plan, «por falta de fondos», del rico (¿y tacaño?) Conde Moré.

CHIVOS EN LA CORTE

En 1894 existía en Sagua un «busca-pleitos» profesional llamado Don Jacinto Amar el cual con su sangre fría se enfrentaba a cualquier complicación.y su anuncio profesional en los periódicos decía: «compro y vendo pleitos»; su especialidad de «pica-pleitos» lo llevó incluso a un intento de molestar al Ayuntamiento y para esto presentó una solicitud para empadronar o inscribir a sus chivos en la lista de votantes de Sagua, bonche que ofendió mucho a los funcionarios públicos, convirtiéndose esto en un verdadero escándalo que se llevó a la corte.

Pero la solicitud no había sido el principal motivo de enfado del ayuntamiento, sino que dentro de su plan Don Jacinto había escogido para el día de su presentación a los chivos más viejos que encontró con enormes tarros y largas barbas de mechones partidos en dos y en la audiencia se apareció con la enorme manada de machos cabríos que llevaban cada uno un cartel en sus cuernos con los nombres del oficio, profesión u ocupación de cada miembro del Ayuntamiento, acompañados de un ejército de muchachos y vagabundos que en la retaguardia hacían mucha bulla por todas las calles de la Villa que recorrió la increíble comparsa o comitiva hasta llegar al ayuntamiento.En el juicio salió absuelto el bonchista profesional para asombro de los ofendidos comisionados y empleados del ayuntamiento.

COMPARACIÓN MEDIOCRE

A muchos jefes de Estado, políticos, intelectuales y estadistas les gusta «citar» a grandes maestros, pensadores, acontecimientos, o brillantes frases que definen y resumen, de forma muy inteligente, determinado tema.

A el Sr. Alcalde de Quemado de Güines, Don Antonio López le gustaba mostrar a todos los visitantes las impecables aulas de las famosas maestras Stas. Díaz, que eran ejemplo de limpieza, organización y pedagogía.

Se cuenta que en una ocasión recorrió las mismas con el Presidente de Cuba, General Don Gerardo Machado, momento que aprovechó una de las maestras Díaz para decirle al Presidente que las niñas carecían de papel para escibir, a lo que Machado le respondió:
«Pues que escriban en papel de Yagua»[15].

EL FARERO Y EL PRESIDENTE

Existía en Cayo Cristo un faro, y su farero era considerado como un verdadero lobo de mar, valiente y muy celoso de su trabajo. Se cuenta que en cierta ocasión de tempestad un yate en peligro hizo una llamada al farero pues necesitaba un práctico que lo condujera a tierra; éste quiso lanzarse inmediatamente a la ayuda pero los vecinos y vacacionistas le rogaban que no lo hiciera pues el tiempo estaba muy malo y nada podría hacer.

Después de escuchar las súplicas de cada uno de los ciudadanos allí presentes, el valiente torrero les respon-

---

[15] Recordemos que durante la Guerra de Independencia cubana, en la manigua redentora, un Jefe de Puesto se excusó ante el generalísimo por no haberle rendido cierto informe por falta de papel, a lo que Gómez respondió: «Pues escriba usted en papel de Yagua.»

dió: —«Mi deber es salvar vidas y no voy a dejar de hacerlo», tomando acto seguido la única lancha de motor que existía en el cayo —que no estaba diseñada para estos peligrosos rescates— se lanzó en contra del embravecido océano donde en pocos minutos desapareció de la asustada mirada de la muchedumbre que apretujados en la orilla pensaron no verlo nunca más. Pero transcurrió una media hora y de pronto vieron aparecer un yate que iba piloteado por su orgullo héroe, el cual logró introducirlo con brillante astucia hasta el mismo atracadero.

Lo interesante de la situación fue que el yate se llamaba «Hatuey» que era el barco presidencial y de su interior descendió el Presidente Menocal junto a su salvador. Todos comenzaron a aplaudir entre gritos y lágrimas, a lo que Menocal respondió levantando su mano y dando gracias al pueblo pensando que aquella estruendosa bienvenida era para él...

ATERRIZAJE EN LA PLAYA

Durante aquella época republicana de la aviación civil, Juan y Lilo Yanes, los dueños del aeropuerto de Sagua La Grande «Nuestra Señora de Loreto», trajeron un avioncito de La Habana que tenía sus características propias de vuelo, en lenguaje hípico se le diría «cerrero».

Los aviadores sagüeros le llamaban «Pepe El Manso» aunque «de manso no tenía nada». En el aeropuerto de Sagua, los hermanos Yanes acostumbraban a hacer vuelos particulares y en esta ocasión se presentó el señor Alberto Beguiristain, dueño del Alambique «El Infierno» que deseaba ir a su casa de La Panchita en avioneta y así llegar lo más rápido posible evitando la monotonía de la carretera por donde iría el resto de su familia.

Un gran terreno junto a su casita les serviría perfectamente de pista de aterrizaje pues Don Alberto quería llegar «lo más cerca posible de su casa», y Juan Llanes le aseguró, que por la descipción, el terreno era lo bastante amplio como para hacer de pista de aterrizaje, por lo que tomó a «Pepe el Manso» que era la única avioneta disponible en ese momento y salieron rumbo a Playa Panchita donde llegaron en pocos minutos, pero al descender sobre el largo césped, el piloto notó como el suelo estaba resbaladizo pues había llovido el día anterior y para colmo los frenos no estaban muy buenos. Tratando de detener el aparato, la nariz se volcó contra el suelo y los tripulantes horrorizados veían acercar a la casa a enorme velocidad sin que la nave dejara de patinar a través del colchón de hierba. Aferrándose con fuerza a sus asientos esperaron el impacto final contra la casa, pero después de varios obstáculos que golpearon las gomas y el fuselaje, «el Pepe, muy mansamente» se detuvo a pocos centímetros de la puerta de la cocina. El silencio fue sepulcral; ninguno de los dos tripulantes se atrevían a emitir frase alguna, hasta que por fin Juan mirando a su cliente le dice: «Bueno Don Alberto, más cerca de su gente no lo puedo dejar!».

EL AEROCLUB

¿Pueden imaginar los más jóvenes sagüeros que el Instituto Pre-Universitario de Sagua La Grande tenía güagüa y avión para las clases de geografía?

El Instituto fue uno de los más privilegiados del mundo al contar con el «Aeroclub para Estudios Geográficos» actividad extremadamente original para la época.

En verdad que esta escuela preuniversitaria en Sagua estaba fuera de serie, no solo por su moderno y práctico edificio junto a los eficientes doctores pedagogos que impartían con sabiduría cada una de las asignaturas, sino que, ¡la ocurrencia de crear el Aeroclub le puso la tapa al pomo!.

Los alumnos de este centro tenían el privilegio de contar con un avión del aeropuerto de los hermanos Yanes para cumplimentar sus estudios de geografía de Cuba.

La alumna del Instituto, Srita. Amelita Caraballo, toma notas y se prepara para realizar su vuelo de estudios geográficos en el avión CU-N286, Piper Vagabond de Don Eduardo García, piloteado por el Sr. Raoul García Iglesias (Profesor y Piloto) quién se ve con la mano en la hélice. Aparecen además en la foto: Sr. Arturo Garay, Emilito Madariaga, y el Dr. Paquito Fernández. Detrás se ven más alumnas esperando sus vuelos.

RESTOS HUMANOS

Un hallazgo, por demás curioso, interesante y, si cabe, misterioso, se sucedió por Marzo-1858. El descubrimiento de unos restos humanos por las cercanías de Santo Domingo. Fue tema de mil comentarios y de raras apreciaciones.

A mera casualidad se debió el descubrimiento de una gran cantidad de huesos humanos pertenecientes a treinta o cuarenta cadáveres, lo menos, hacinados en una cueva situada en terrenos del potrero Casimbas, de la propiedad de Don Pedro Nolasco Abreu, partido de Santo Domingo y cuartón de Yabú.

Habiendo visto el mayoral del indicado potrero levantarse varias auras, y sospechando pudiese haberse muerto algún animal, se dirigió hacia la cueva llamada Siguapa, donde halló algunos nidos y huevos de aquellas aves carnívoras. Registró con más proligidad y fue descubriendo un gran montón de huesos hacinados. Viendo que eran de seres humanos, lo puso inmediatamente en conocimiento de la autoridad local, la cual pasó, acompañada de facultativos y de testigos al reconocimiento de aquel raro hallazgo. De su actuación resultó que los huesos estaban colocados unos sobre otros en el fondo de la cueva; que entre ellos llegaron a contarse 513 muelas; y que según del Lcdo. D. José Chamorro, facultativo del reconocimiento, pudieron pertenecer como a treinta cadáveres que contarían más de cuarenta años de hallarse en aquel punto. De la declaración de antiguos vecinos resultó no haber sido nunca aquel punto destinado a cementerio, ni tener la menor noticia de suceso ni ocurrencia alguna que pudiese motivar aquella reunión de despojos humanos.

Su origen en nuestro concepto puede atribuirse a una de las tres causas siguientes:

—Primera, a sepulcro de indígenas
—Segunda, a depósito de cadáveres de asesinados
—Tercera, a centro de algún palenque de negros cimarrones.

Lo primero parece convenir por ser aquella una montaña llena de cuevas, pero tropieza con el inconveniente del corto tiempo, 40 años se atribuyeron a los huesos encontrados por los facultativos que los reconocieron. Lo Segundo no se explica porque en aquella época no se dijo, ni hay noticia de que existiese por allí, ninguna banda de forajidos que asesinase a tanto número. La última suposición pues parece la más probable.

Las lomas y sus cuevas convidaban a un palenque. Los negros huídos de la parte occidental de la Isla, si no la única, a lo menos la más poblada de aquella raza, seguía en su fuga rumbo al oriente, porque existía entre ellos la creencia de que hacia allí encontrarían su país. Nada extraño fuera pues que refugiados en las cuevas de aquellas lomas, hubiesen ido pereciendo y formando el montón de huesos que da lugar a estas conjeturas.

No es de echarse tampoco al oído la reflexión de un antiguo vecino y conocedor de aquellos terrenos. Según su informe no distaba mucho la cueva a que nos referimos, del que por la época marcada de 40 o más años era camino central de la Isla, o al menos por el que se viajaba con frecuencia a tierra adentro.

Sabido es que careciéndose entonces de vapores, ferrocarriles y demás vías de comunicación, que el notable progreso del siglo, puso a nuestra elección y comodidad, se cruzaban por aquel camino los comerciantes de ganados, los litigantes, y una infinidad de viajeros, que bien pudieron desaparecer paulatinamente bajo el puñal del asesino en asecho, y ocupar un puesto en la cueva Siguapa, sin que su falta alarmase ni llamase notablemente la atención; tanto por el corto número de víctimas respecto al de viajeros, cuando porque, careciéndose entonces de poblaciones y aún de vecinos en el largo transcurso de muchas leguas, y escasa por consiguiente la política rural, y los agentes de seguridad pública en tan dilatados desiertos, podían a mansalva acampar cuadrillas de salteadores que perpetraban impunemente los más atroces crímenes.

UNA ENANITA DEL TEATRO LAZCANO DE SAGUA

El Domingo 2 de Mayo de 1880 el pueblo de Sagua La Grande corrió al viejo Teatro Lazcano, situado en la calle Oriente entre Intendente Ramírez y Real Colón (actualmente conocidas por: Libertadores entre Solís y Colón) para contemplar con gran asombro la extraña rareza que allí se exhibía. Desde Estados Unidos había llegado Lucía Zárate Licona «La Mujer Más Pequeña Del Mundo» con la «Compañía de Frank Uffner» (decían los anuncios por todas partes), con solo 50 centímetros de estatura y unas 4 libras y media de peso; «bastaba una mano normal para que le sirviera de asiento».

Don Alberto Lazcano, propietario del teatro, tuvo el privilegio de mostrar el espectáculo antes de que «el rey del circo norteamericano» P.T. Barnum la descubriera, pues en los momentos que llegó a Sagua Mr. Uffner seguía siendo legalmente su apoderado artístico. Doña

Lucía no era una típica enana en el estricto sentido del término en el que solo las extremidades son muy pequeñas con relación a una cabeza y tronco normales (Acondroplasia), sino más bien una perfecta mujer con correcta proporción corporal, lo cual la convertía en una «mujercita» (Liliputiense) y no en una «enana», caso curioso era que solo su nariz era del tamaño de una mujer normal. Los sagüeros del siglo 19 tuvieron la oportunidad de contemplar esta inusual merced de la naturaleza. Lucía Zárate, nacida en San Carlos, México, murió a los 26 años, el 27 de febrero de 1990 cuando el tren en que viajaba se atascó en la nieve y su pequeño cuerpo no pudo resistir el frío.

Fue un caso que asombró al mundo científico de la época, pues nunca se había observado una proporción tan exacta al cuerpo humano en miniaturas. Por una cuestión de misterios cromosómicos, aún no resueltos, sus padres Don Fermín Zárate y Doña Tomasa Licona, que vivían en las Lomas de San Rafael cerca de la barra de Chachalacas, México, engendraron dos criaturas, hembra y macho, con esta «malformación» para la medicina, pero «buenformación» para el pensador que con ojo de buen artista ve en ellos a la escultura perfecta, realizada a escala, o para el antropólogo que vería a una nueva raza humana. La ilusión que nos brinda la relatividad desaparece cuando carecemos de comparación y así sucedía en este humilde hogar donde Lucía y su hermano Manuel tenían todos los objetos a escala en su cuarto, lo cual eliminaba su condición o «malformación». Pero, los temores comenzaban cuando veían a su escala mayor escudriñando cada una de sus partes, aquel carón de ojos abotonados que los miraba con asombro en el circo.

Durante la infancia la madre notaba que no crecían ni un milímetro con relación a sus otros 4 que si llevaban un desarrollo normal. Por esto, siempre fueron del mismo tamaño y ella los acomodaba en dos bolsillos que tenía su delantar para así poder realizar los quehaceres de la casa, y en esa bolsa de canguro quedaron toda la vida, de adultos inclusive por temor a que fuesen aplastados o atacados por cualquier animal.

El General Porfirio Díaz, Presidente de México, convenció a Don Fermín de que sus hijos no eran motivo de risas o burlas, sino de admiración y asombro, recomendándolo con un alto empresario de circos y exhibiciones llamado Frank Uffer, y a partir de aquel día comenzó la fortuna para los Zárates que llegaron a ser muy ricos y compraron una enorme finca de 5 mil hectáreas a los descendientes del General Don Antonio López de Santa Ana.

Los dos liliputienses gozaban mucho entre las funciones y el vagabundeo de los carromatos, pero al morir Manuel, quedó muy desolada la pobre Lucía que ya no fue nunca más la misma, aunque siguió presentándose por petición propia en escenarios americanos e incluso se enamoró de otro pequeño como ella que ya era muy famoso en el mundo por la misma condición liliputiense, el conocido «General Mite» que cuando conoció a Lucía, nunca más quiso separar su función de la de ella, cosa que aprovechó muy bien el inescrupulosamente astuto Mr. Phineas Taylor Barnum (el rey de los circos americanos) para ponerlos a jugar cartas en una gran urna de cristal donde los asombrados visitantes no podían creer lo que veían. Aquellas dos insólitas miniaturas tomaban te, conversaban, reían, hojeaban revistas y saludaban al públicos de vez en cuando.

Constituyéndose esta en la mejor atracción del circo, Barnum duplica la fortuna de los Zárate para asegurarse de no perder esa joyita natural, le permitió tener a su familia y a un verdadero batallón de sirvientes, ayudantes, una cocinera especial, y una traductora, entre otras comodidades, y Lucía vivía como reina dentro del circo, pero al morir Mite, el empresario la saca de la cúpula para que la gente pudiera tocarla y comprobar que era de carne y hueso. Lucía muy deprimida por la muerte de su amado, ya no quería seguir y se quejaba de que la gente la pellizcaba; entonces dejó el Circo Barnum en 1884, pero no obstante a su tristeza, continuó por 6 años más las presentaciones de sus shows en una compañía propia.

Con su muerte en 1890 comenzó a morir aquel concepto de exhibición de monstruos y abortos naturales, en un estilo de «arte» propio de la época, que se ha ido evaporando a fuego lento del reglamento de los circos, aunque no tanto del reglamento morboso de un público que sigue adorando lo cruel y lo prohibido.

MARIONETAS

La primera vez que el pueblo de Sagua vio a esos muñecos o títeres que llaman Marionetas, lo fue en 1892 cuando visitó el Teatro Uriarte la compañía de los hermanos Prandi de Brescia con sus famosos «Fantoches y Marionettes» que tenían un metro de alto, a los cuales, de forma muy graciosa los hacían hablar y gesticular a la vez.

BARCO MERCANTE GRIEGO «NIKOLIS M»

¿Quien no recuerda al barco griego «Nikolis» que tanto tiempo estuvo varado en La Isabela desde los años sesentas del siglo XX?.

A la playita Alfert íbamos en los años sesentas y allí veíamos a aquella eterna mole de acero muerto como si fuera ya parte de aquel ambiente.

Este enorme barco mercante se averió en nuestra costa después de larga travesía marina y sus tripulantes tuvieron que regresar a Grecia por aire. Luego de algunos años de estudios se decidió alejarlo de los muelles y abandonarlo en un punto en los alrededores de los cayos de la Enfermería donde aún permanece desvaneciéndose en su cementerio oceánico como mostramos en esta foto satélite (2007) que recientemente hemos logrado después de rastrear por muchas noches las extensas aguas entre Isabela y la playa Uvero. Sus coordenadas son la siguientes: Longitud: 76° 56' 57.17" y Latitud: 22° 55".

Un buen día, antes de los inicios de la internet (1986), se me ocurrió dedicar una serie de visitas a la Biblioteca Pública de Nueva York donde encontré por fin algo de su historia griega, pero luego en las largas búsquedas cibernéticas fue que pude establecer definitivamente que se trataba de un Liberty de pura cepa. He aquí el rompecabezas que he podido armar hasta el momento por diferentes vías sobre este fantasma griego que no ha querido separarse de Sagua.

BARCO RUSSELL SAGE-1944 (NIKOLIS M-1965)

HISTORIA DEL NIKOLIS M

El «Nikolis M», tuvo muchos nombres anteriores, pero originalmente fue un barco «Liberty».

Los barcos «Liberty» fueron cargueros de diseño británico pero adaptados y construidos en los EE.UU, durante la Segunda Guerra Mundial, de forma barata y rápida con el fin de sustituir a los que iba perdiendo el gobierno británico, por el torpedeo de los U-Boot alemanes. La Comisión Marítima de los Estados Unidos los encargaba a empresas privadas a un costo de 2 millones de dólares para así aprovisionar a los aliados ingleses. Dieciocho astilleros americanos construyeron 2.751 Liberty entre 1941 y 1945 a una velocidad promedio de 230 días por unidades al principio, pero más tarde la emergencia los llevó a fabricarlos en solo 42 días; el record lo batió el «Robert E. Peary» el cual fue botado a los 14 días y medio de habérsele puesto la quilla. La producción era en cadena esperando que al menos perduraran por unos 5 años pero muchos sobrepasaron este tiempo de vida estimado, como fue el caso del «Nikolis M» que vivió hasta 1967 cuando se rindió definitivamente en el muelle Alfert de Isabela de Sagua.

Cuando el Nikolis era un «Liberty» en 1944 se llamaba: «Russell Sage», luego lo compra la «Marine Transport Lines de Nueva York y lo llama: «*WSA*». Luego en 1947 la «Caribbean Land & Shpg.Corp, Cristobal (T.Gotaas & Co, NY) con bandera panameña lo bautiza con el nombre de «*Glen I*»; en 1950 la «Compañía de Nav.» (D'Amico Soc.di Nav, Rome con bandera panameña) le nombra: «*La Cordillera*». En 1954 Flamengo Cia.de Nav. Transoceanica. En 1955 «*María*

Dolores» (del mismo dueño). En 1958 D'Amico Soc. di Nav, Rome le mantiene el nombre; y finalmente en el año de 1965 lo adquiere «Miltiades Navegaceon» (Mattheos Mavridoglou, Piraeus) que con bandera griega lo nombra: *«Nikolis M»* y navega por dos años hasta que en 1967 queda varado en Isabela de Sagua, donde es desmantelado con el tiempo y sacado a alta mar en los años noventas del siglo pasado (XX).

Otros datos: Lo construyó el astillero «J. A. Jones Construction Company» en Panama City, Florida. La máquina fue fabricada por «Filer & Stowell Co» de Milwaukee, Wisconsin. Su quilla se puso el 25 de Noviembre de 1943. Fue botado al mar el 5 de Enero de 1944. Su nombre fue el de un banquero y político de renombre en Nueva York. ES UNA VERDADERA PIEZA DE VALOR POR SER UN «LIBERTY» PERDIDO DE LOS ARCHIVOS NAVALES DESDE 1967.

EL CAPITÁN NEMO DE SAGUA LA GRANDE
El sagüero y el Nautilus. El submarino mambí.

Don Emilio Núñez
Jefe de Operaciones Marinas

Este insólito acontecimiento ocurrió durante la Guerra de Independencia cubana en 1897, cuando Mr. William Randolph Hearts, director del periódico «New York Journal» y gran amigo de la causa por la libertad de Cuba, se puso en contacto con el Comité Central Revolucionario de Nueva York» que dirigía José Martí, para informarles que en la bahía de Baltimore estaba fondeado un invento que pudiera servir a la maquinaria militar de los mambises y que él estaba dispuesto a comprárselo al inventor para donarlo a los cubanos.

Se trataba del «Nautilus», uno de los primeros submarinos creado en Estados Unidos y bautizado así por su creador en memoria al imaginario sumergible de Julio Verne diseñado así para hundir barcos ingleses desde la sorpresa del abismo. Hearts le informó al Comité Cubano que podían pasar a evaluarlo y si acaso les servía, pues podían contar con él para atacar barcos españoles en la costa de Cuba.

El Comité, sorprendido por aquella propuesta, eligió al sagüero Emilio Núñez para que fuera a Baltimore y tratara de inspeccionar con detalles el submarino para saber si esta maquinaria les sería útil en la causa de la libertad. La elección de Don Emilio se debía a que este había sido por mucho tiempo el Jefe de las Operaciones Marinas, mano derecha de José Martí para las numerosas expediciones que se enviaban a Cuba, y su experiencia en el mar lo exponía como primer y único candidato. El General Emilio Núñez sería el capitán del submarino en la primera expedición que se dirigiría a Cuba en caso de que este resultara práctico, seguro y efectivo, así lo decidió el comité por la gran confianza que en él tenían.

Willian Randolph Hearst
NEW YORK JOURNAL

En aquel verano de 1897, Don Emilio se dirigió al muelle donde estaba fondeado el «Nautilus», iba acompañado por Mr. Caldec, periodista del «New York Journal» y una comitiva. Al llegar al sitio lo primero que observó era que el ingenio no era barco total, sino más bien coche, ya que tenía ruedas para trasladarse por el fondo marino, entonces junto al inventor penetraron en su interior. Según anotó, «la inmersión de producía por un sistema de admisión de agua en tanques especiales, agua que era luego expelida por el aire comprimido, del cual contaba con grandes depósitos».

Después de cerrar las puertas y escotillas comenzaron a hundirse en la profundidad de la bahía, sus oídos comenzaron a sentir la presión de la inmersión. Entonces el inventor los llevó a la cámara de torpedos que en realidad eran minas que debían colocarse manualmente por un buzo en el casco del buque enemigo y no un proyectil que se lanzase desde el sumergible, un buzo preparado para la operación les mostró cada uno de los pasos. Un cuarto de hora que describe Don Emilio como algo inolvidable y angustioso a la vez por las dificultades que tuvo el hombre en colocar la mina y por la presión que sentían en sus oídos. Durante todo este tiempo la cabina comenzó a llenarse de una espesa neblina que no les permitía verse unos a otros a pocos centímetros de distancia.

Al salir a la superficie el General tuvo que soltar una carcajada al observar la cara de horror que tenía el periodista; según él, su expresión «llegaba a los límites de lo cómico». Caldec le comentó que no volvería montarse en un submarino otra vez aunque le regalaran el periódico donde trabajaba.

El informe de Núñez fue desfavorable para el submarino basado en el peligro y en las penalidades de maniobra que observó. Al Comité le bastó su palabra y pasó este capítulo cancelando la inusual idea de guerra naval.

En una oportunidad, durante la República, el General declaró: «¿Quién me iba a decir que progresarían tanto los submarinos cuando nos ofrecieron a los cubanos el 'Nautilus' para combatir con él a la escuadra española?».

Y de esta forma termina este fascinante capítulo de la Guerra de Independencia donde un sagüero pudo haber sido «el Capitán Nemo» de una historia real.

GENERAL EMILIO NÚÑEZ RODRÍGUEZ

El honorable y digno General de División Don Emilio Núñez Rodríguez, héroe de mil batallas, fue muy querido y admirado durante la República donde participó en muchas esferas de la vida social y política llegando incluso a ser Vice-Presidente de Cuba. Desde la capital de la Isla siempre mencionaba a su Sagua La Grande y defendía proyectos y progresos para amada Villa del Undoso.

Fue Núñez quien tuvo el honor de izar por primera vez la bandera cubana en el Morro el 20 de Mayo de 1902. Entre sus altos cargos estuvo el de Gobernador Provincial de La Habana.

El 22 de Abril de 1913 el presidente Menocal lo designa Ministro de Agricultura, Comercio y Trabajo.

El 6 de Diciembre de 1913 el Presidente de Cuba Don Mario García Menocal lo designa como Presidente de la comisión para la construcción del monumento al Maine. El 9 de Diciembre de 1913 fue elegido Presidente del Consejo Nacional de Veteranos de Cuba, siendo reelecto un año después el 7 de Diciembre de 1914, los vicepresidentes fueron los generales Gerardo Machado, Manuel Alfonso, Fernando Freyre de Andrade, Pedro E. Betancourt y el coronel Cosme de la Torriente.

El 18 de Enero de 1916 la Asamblea Nacional del Partido Conservador lo postuló como vicepresidente junto al presidente Menocal y durante el segundo período de Menocal (1917-1921) es Vice-Presidente de la República de Cuba.

En las tres Guerras, fue uno de los más bravos combatientes que tuvo la jurisdicción de Sagua La Grande. Nació el 27 de diciembre de 1855 en Sagua La Grande donde se incorpora muy joven a la guerra de los 10 años; organizó y dirigió la guerra chiquita en la zona. Fue capturado y sufrió la prisión en el castillo El Morro, de donde escapa y vuelve a Sagua para organizar un grupo que opera en San Diego del Valle hasta 1880 en que José Martí lo convence de que ese intento no era factible por el momento. Marcha al exilio donde se relaciona mucho con Martí y hacen buena amistad. Desde Estados Unidos envía armas, municiones y alimentos a Cuba como General en Jefe del Departamento de Expediciones. Regresa de nuevo a sus adorados campos sagüeros donde se hace General de División. Participó en las tres Guerras. Es graduado de Cirugía Dental de la Universidad de Pensilvania. Tuvo el honor de ser uno de los cinco generales que entraron a La Habana junto al Generalísimo Máximo Gómez.

Fallece el 5 de mayo de 1922 en La Habana. Entre sus descendientes actuales está el destacado banquero Sr. Ricardo Núñez Portuondo, el Doctor Emilio Núñez Portuondo (padre de Emilio Núñez Blanco, que es el esposo de Mirta Díaz-Balart, la primera esposa de Fidel Castro). Sus hermanos fueron también grandes patriotas de la «Brigada Sagua».

EL NOMBRE DE UN SAGÜERO ESTA EN LA LUNA.

¡El primer hispano que es parte de un monumento fuera del planeta tierra!

De seguro resultará impactante comenzar su biografía diciendo que «su nombre está escrito en la Luna», pero esta introducción es inevitable en su historia personal ya que es su más curiosa realidad.

Como Director de Comunicaciones de la Base Espacial de Cabo Kennedy en la Florida, el Proyecto «Saturno-Apolo» de la NASA se incluyó su nombre en la cápsula especial que se colocó en nuestro satélite natural en 1973 para honrar a los mejores científicos que contribuyeron a que esta misión fuera todo un éxito, convirtiéndose por tanto Don Guillermo, en el primer hispano que es parte de un monumento fuera del planeta tierra.

Nace Guillermo Sánchez Alba en la calle Libertadores # 13 casi esquina Colón en la ciudad de Sagua La Grande. Su padre fue Don Guillermo Sánchez Duque (primo de Carlos Duque), su madre Doña

Andre Alba Pérez. Su abuelo fue el mambí que sembró la ceiba en el parque «El Pelón». Uno de sus hijos (Gullermito) nació en Sagua y el otro (Luisito) nace en La Habana.

Guillermo Sánchez Alba

Sus primeros estudios en Sagua los realizó en el Kindergarten de la Sra. Fefita Astorga y la primaria con la maestra Zoila Nila en su escuelita de la calle Carmen Ribalta; continúa su educación en la Escuela de Pallí para más tarde pasar a la Superior de Varones que dirigía el inolvidable Don José Pérez Pérez (Pepe-Hillo).

Aprendió inglés en Sagua con Mister George. Sus estudios superiores fueron en Estados Unidos donde se hizo Ingeniero de Comunicaciones en la Universidad George Washington gracias a una beca de buena voluntad que otorgaba el gobierno norteamericano a jóvenes del continente americano durante la Segunda Guerra Mundial. Terminada la Guerra vuelve a Cuba y comienza a trabajar en La Habana para la Compañía Telefónica, pero relacionándose además con el ambiente de radio difusión. Entre sus constribuciones estuvo la instalación de la planta completa de «Radio Progreso», y ser Director de Radio Mambí.

Marcha a Estados Unidos y trabaja con la RCA y luego con la famosa ITT que lo envía a Puerto Rico y las Islas Vírgenes, pero por sus extraordinarios conocimientos la ITT lo reubica finalmente en la NASA para trabajar en el Centro Espacial Kennedy de la Florida donde revoluciona muchos aspectos de las comunicaciones. En un informe del Centro Espacial puede leerse el siguiente reporte:

«Antes de la implementación de este control no existía un sistema independiente de comunicación para respaldar las funciones de los Cuartos de Disparo. Gracias al señor Sánchez y su trabajo, este sistema es hoy una realidad; actualmente está siendo articulado para asistir el lanzamiento programado del Laboratorio Espacial (Skylab) desde el Cuarto de Disparo No. 3» —y continúa la nota: —«Sobresalientemente en sus logros personales está el desarrollo de una nueva técnica de sonido cuádruple (quadrasonic) que es superior a los desarrollos comerciales del momento».

VISITA DEL DOCTOR VAQUEZ A SAGUA
Contado por el Sagüero Dr. Gustavo Alvaré.

El Dr. Vaquez, catedrático de cardiología de la Universidad de la Sorbona, de París, había sido discípulo y devoto amigo del Dr. Joaquín Albarrán. Siempre había manifestado un ardiente deseo por conocer la patria y el lar nativo del Dr. Albarrán.

Un buen día arribó a La Habana, siendo recibido con grandes y merecidos honores por toda la clase médica cubana, habiéndosele tributado agasajos y honores.

En Sagua fue recibido también con muchos honores por la sociedad sagüera y por el Colegio Médico local. De esta oportunidad quisiera evocar dos momentos culminantes. El primero fue su visita a la casa natal de Joaquín Albarrán. Ya en la casa que tan bien conocen los sagüeros, en el zaguán, el Dr. Vaquez preguntó cual era la habitación en la que había nacido el ilustre médico sagüero.

Se hizo un gran silencio. Adueñándome de la situación, pues yo los acompañaba en mi calidad de presidente del Liceo, le hice saber al Dr. Penichet que yo les indicaría el lugar y la habitación en que había visto la luz nuestro coterráneo. Los conduje al primer cuarto de la casa, señalándole allí el lugar donde se encontraba la cama materna. El distinguido visitante permaneció en silencio un buen rato; después quiso visitar toda la casa y el patio.

En este último lugar le pidió al Dr. Penichet que quería una flor que hubiese nacido en aquella casa, pero allí no había ninguna, solo una mata de chirimoya. Busqué a la señora de la casa, que era la esposa de un ministro presbiteriano que eran los inquilinos, y le rogué me diera una flor cualquiera. La señora no tenía ninguna. Regresé al patio e informé al intérprete, Dr. Penichet, el inconveniente.

Entonces el Dr. Vaquez manifestó que se contentaría con un pequeño fruto de aquel árbol que allí había. Me subí al borde del arriate y tomé una pequeña chirimoya de la mata y se la entregué al Dr. Vaquez, quien en silencio, que era compartido por todos los presentes, tomó un pañuelo de su bolsillo lo extendió y colocó en él la frutilla, guardando ambos en su bolsillo interior.

Tarja en la casa natal de Joaquín Albarrán en Sagua la Grande

LA RECONCENTRACIÓN DE WEYLER

A la llegada de Don Valeriano Weyler a la Capitanía de Cuba en 1896, la revolución mambisa avazaba por los campos de toda la Isla de forma imparable; fue entonces que al tenebroso Capitán General se le ocurrió la idea de «La Reconcentración», que consistía en reagrupar o reconcentrar a todas las poblaciones de los campos en las ciudades para así poderlos controlar para que no ayudaran ni se incorporaran a las tropas mambisas.

Estragos de la Reconcentración en Sagua

La nueva ley de Weyler dictaba que en solo 8 días todos los residentes en áreas rurales tenían que pasar a las poblaciones controladas por ellos de lo contrario serían juzgados como rebeldes,

El horror comenzó en la ciudad de Sagua La Grande cuando tanto exceso de población rural multiplicó dos veces la existente y entonces el hambre y las enfermedades azotaron a la noble Villa del Undoso. Por todas las esquinas y rincones de Sagua comenzaron a aparecer estas dantescas escenas de muerte de lo que antes habían sido robustos campesinos de la Jurisdicción, pero además la escasez abarcó a los propios residentes de Sagua convirtiendo el ambiente en un verdadero infierno.

RECONCENTRADOS

«ALCALDÍA MUNICIPAL» «Llaman perfectamente mi atención, los dos pavorosos problemas que entristecen el ánimo de todos los habitantes de la Isla; y a mí muy especialmente los de este Término. La triste situación de los reconcentrados y la salud pública seriamente amenazada por crueles epidemias.

«Las arcas de los municipios están exhaustas. La dificultad en realizar el cobro de los impuestos disminuye considerablemente los ingresos, mientras egresos extraordinarios en cantidades exorbitantes han alterado la normalidad económica a un grado tal, que los municipios no pueden llenar cumplidamente sus deberes en esta época tan calamitosa.

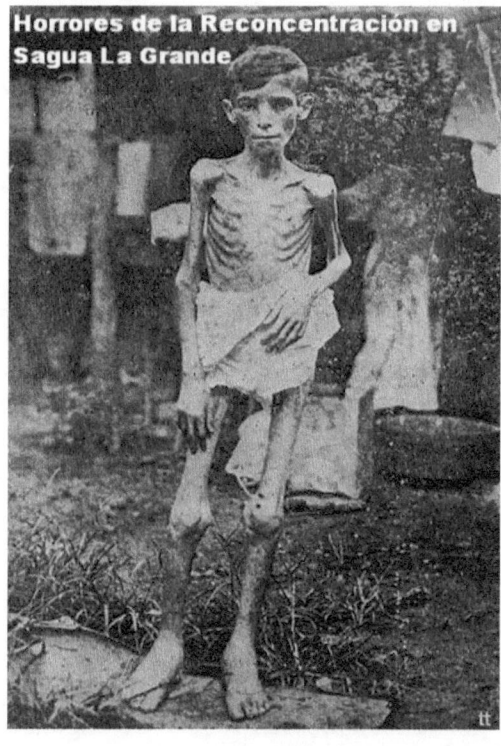
Horrores de la Reconcentración en Sagua La Grande

«La fortificación de los poblados, la alimentación de los presos y la atención de los Hospitales, han consumido y consumen por este último concepto todavía, crecidas cantidades. La situación no menos angustiosa de los contribuyentes, impide derramas e impuestos que sería imposible e injusto hacer efectivos por fuerza; pero como ni en mi carácter de Autoridad ni en mi calidad de vecino, puedo volver la espalda a tantas miserias y a desdichas tantas, conociendo como conozco, el espiritu caritativo de este pueblo generoso, solicito siempre a socorrer al desvalido, llamo su atención a la obra iniciada por mi digno antecesor al contribuir la Junta Protectora de reconcentrados.

»No desoirá el pueblo de Sagua la súplica que le dirigió en demanda de apoyo moral y material para alcanzar el fin que todas las almas nobles se proponen en estos momentos, librando del tormento más horrible de todos, el hambre, a tantos seres desgraciados que se encuentran amenazados de la mayor de las zozobras: Ver sus hogares invadidos por enfermedades epidémicas, portadoras de luto y del espanto.

»Muchas son las veces que la caridad ha tocado a las puertas de los vecinos de esta culta población y siempre supieron responder colocándose a una envidiable altura, y esto me da aliento para acometer esta árdua empresa, cuyo resultado espero será satisfactorio. A este fín, se ha dividido la población en pequeñas zonas y una comisión de señoras en cada una de ellas cuyos nombres se publican a continuación, irá a la puerta por encargo de la junta, para fomentar una subscripción pública, que encauzado el esfuerzo individual, por una sola corriente, sea más fecundo en resultados, pues nadie ignora que a ninguna casa de esta villa acude el menesteroso sin alcazar un lenitivo a su miseria. Descansando pues, en estas razones, espero que el vecindario acogerá bondadosamente a las Sras. que al llevar a la práctica la misión que se les ha confiado, realizan un verdadero y piadoso sacrificio.

»Sé que estamos en una época de grandes escaseces, pero ningún esfuerzo es baldío, ni ninguna cantidad pequeña. Venciendo dificultades, si el esfuerzo es unánime, el resultado será asombroso, y el sacrificio insignificante, por tratarse de una reducida cuota mensual.

»Nada valdrán esos momentos, por grandes que sean, los esfuerzos aislados: pero unidos, por pequeño que sean, los esfuerzos aislados: pero unidos, por pequeño que sea el óbolo de cada cual, el resultado será satisfactorio y el pueblo de Sagua, al seguir ostentando con orgullo el dictado de caritativo y noble, recibirá las bendiciones de los menesterosos y la expresión de gratitud de su convencido Alcalde, Carlos Alfert».

Sagua, Diciembre 10 de 1897

COMISIÓN PARA LA AYUDA A LOS DESAMPARADOS

Cuando la reconcentración de Weyler los pobres de Sagua (desamparados) fueron ayudados por «El Bando de Piedad» de Sagua, el cual se creó «para la ayuda a los desamparados».

1er Distrito
Calle de la Esperanza: —Señoras: Clotilde Casals de Trápaga, María Suvillaga de Mier.

Calle de Colón: —Sras. Inés Medina viuda de Bidot, Luisa León de Alvarez, Mercedes Ballester de Suárez, María Valverde de Acosta, Leopordina L. de Castañeda, Lutgarda Ramos de P. López, Inés Navarro de Godinez, Luisa Oliver de González, María Mildestein de Tarafa, Marina Alvares de López, Adela Calvet viuda de Beltrán, Angela González de Ramos.

Calle Intendente Ramírez: —Sras Ignacia Urquijo vda. de Cruz, Cármen L. vda. de Paredes, Carmen Aguilar de Stacholy, Dolores Martínez de Tirado, Flora López de Portela, Tomasa H. de Echemendía, Isolina Lima de Oses, Angelina Torres de Bonau.

Calle Casariego: —Sras. Isabel Valdés de Jiménez, Sofía Nieto vda. de Cartaya, Rosalía Torres, Concepción Valverde de Ledón, Irene Piard Vda. de Bonilla, Catalina Pascual de Soler, Florinda Rivero de Santana, Adela Sánchez de Martínez, Manuela M. de Otero-Cosío, Julia Mesa de Ledón, María Canero de Ibarra, Ana Uriarte de Rojo, Gabriela Touset de Puente, Josefa López de Nuevo, Isabel Canto de Uriarte, Isabel Iglesias de Velazco.

Calle de la Amistad: —Sras. Ana Ruiz vda. de Machado, Emilia Alonso de Incera, Juana Delgado de Quintero, Carmen Fors de Moreno, Francisca N. de Lugones, Concepción Sala de Núñez, Ana Valdés de Velazco, Manuela C. de Betharte, María Martínez de Seiglie, Flora Sta. Cruz de Martel, Caridad Llano de Jongh, Cármen Ribalta vda. de Oña, y Srita. Filomena Amézaga.

Calle de la Merced: —Sras. Camila Negre de Chía, Filomena Stacholy de Chávez.

Calle de la Cruz: —Sras. Aurelia Alcover vda. de Riera, Teresa G. vda. de Alvarez, Antonia Costa de García, Josefa Cuétara de Calvet, Digna A. del Sol de Badía, María Cuétara de González.

Calle de Progreso: — Sras. María Pérez, Socorro Laserie, Luisa Charun de Bustillo, María Meave de L. de Hernández, Rosa Herrera de Menéndez, Angela Muñoz de Ruiz, Esperanza Yániz de Tejedor, María Sánchez.

Calle de Oriente: —Sras. Serapia J. de Guirola, Srita. María Ledón, Teresa Ruvier de Nadal, Estanislaa Martínez, Luisa Torres de Iglesias, Carmen Torres de Estevanez.

2do Distrito

Calle de Colón: —Sras. Consuelo Robato de Mañach, Ana Bonet vda. de Tomasino, Ana Battle de Llacuna, Estela Lamar de Olivera,

Manuela Suvillaga de Bango, Ascensión Montes de Rovira, Amalia Iglesias vda. de Olivé, Antonia Rodríguez de García, María Díaz de Cuevillas, Concepción Ortiz de Mederos, María Peris de Balaguer, Jacinta C. de Charcán, Edelmira Turró de Robato, Blanca Cepero de Bustillo.

Calle de Intendente Ramírez: —Sras. Magdalena Etchandi de Alfert, Sebastiana C. de Carbonell, Josefa Santana de F. Fuente, Elvira Alverdi de Urquía, Rosa Sambade deGodinez, Hortensia L. de López-Silvero, Elisa Peraza de Seiglie, María Ruiz de Peralta, Margarita Palma de Ramírez, Bárbara Martínez de Amores.

Calle de Tacón: Sras. María Gómez de Martínez, Rosa Soto de Cristo, Josefa Juera de Juera, Regla Díaz de Cairo, Julia Cabeda de López, Faustina Pérez Pérez.

Calle de la Amistad: —Sras. Angela Quirós vda. de Gutiérrez, Felicia Guirola de Aguirre, Carmen Sta. Cruz de Peñaranda, Regla Alvarez de Peñaranda.

Calle Elías: — Sras. Natalia Rodríguez de Núñez, Petra Hernández de Deule, Angela Martínez vda. de Menéndez, Ascensión Gómez de Alvaré, Josefa Dieste de Josende, Dolores Valdés de Parayuelos.

Calle de la Merced: —Sras. Jose Alemán de Beguiristain, Joaquina Santos de García.

Calle de la Gloria: — Sras. Ana Urrestarde de Urróz, Blanca Lupí vda. de Pita, Eulalia Eguia de Uribarri, Josefa Visiedo de López, Encarnación Castillo de Enriquez, María Herrera de Menéndez, Guillermina Someillán de Rasco, Micaela Truy de González, Florinda Armiñán de Arenas, Isabel Castresana de Oña.

Calle de la Estrella: — Sras. Matilde Figueras de Rivas, Elisenda Casas de López, Cecilia Portelase Tomé, F. Hernández de Fernández, Emilia García de Fernández, Susana Ojeda de Gutiérrez.

Calle de Misericordia: —Sras Ramona Puente de Fernández, María Battle de Fábregas, Ángela Rodríguez de Tuset, Aurelia Gallego de Blanco.

EL PROGRESO DE SAGUA

!!! ETANOL ¡¡¡ ¿Invento moderno...palabrita de moda?

EL CARBURANTE NACIONAL fue el combustible que se produce en Sagua La Grande por la época de la Segunda Guerra Mundial para reemplazar a la escacez de petróleo nacional.

La destilería "El Infierno" de la familia Beguiristain, modifica su tecnología en los años 1937-1938 al equiparse con nuevas columnas destiladoras llamadas "Savall" que habían sido concebidas en París. Con esta nueva adquisición tenológica se obtuvo el llamado "Alcohol Absoluto" (Etanol) que era de 100 grados, y esta fue la oportunidad qu se aprovechó para la producción del famoso CARBURANTE NACIONAl que era una mezcla del Etanol obtenido con un 10% de gasolina. El Carburante Nacional se distribuía por "La ORPA" en Regla y Guanabacoa, La Habana, donde estaba La Mielera Beguiristain.

En la actualidad se le llama al Etanol "el combustible del futuro", pero l cubanos le llaman "el combustible del pasado o Carburante Nacional".

DESTILERIA "EL INFIERNO" DE SAGUA LA GRANDE 1959
ALAMBIQUE "EL INFIERNO" DE SAGUA LA GRANDE

DEBIDO A QUE LOS PRESIDENTES DE CUBA DESCANSABAN AQUI, LA AVIACION ERA PECULIAR

Por la época en que los presidentes de Cuba Don José Miguel Gómez, Don Mario García Menocal y Don Alfredo Zayas Alfonso, tomaban sus vacaciones en Cayo Cristo, las más curiosa gama de aviones de la marina y el ejército, se posaban sobre el legendario cayo de los sagüeros.

ADUANA DE SAGUA LA GRAND
1902

ALUMBRADO DE GAS EN SAGUA

Los concesionarios Sres. «Rafael V. Sánchez & Cía» montaron el primer gasómetro el jueves 13 de Febrero de 1879, el cual constaba de unas 6 mil novecientas varas de tubería para iluminar al centro de la población que hasta el momento lo había hecho con petróleo.

LA ELECTRICIDAD EN SAGUA E ISABELA

La electricidad llega por primera vez en la historia de Sagua en el año 1891, cuando de forma particular, los propietarios del alambique «El Infierno», «Robato & Co.», instalaron un dinamo para producir la nueva y mágica energía. Un año después, el 16 de Noviembre de 1892, llegó por fín el gran acontecimiento histórico con la constitución de la Sociedad Anónima del Alumbrado Eléctrico formado por la siguiente directiva, Presidente: Don Juan de Dios de Oña; Vice-Presidente: Don Manuel Fernández Arenas; Secretario: Don Esteban Tomé; Vocales: Don Leonardo Chía, Don Gabriel de la Torre, Don José Bosque, Don Eduardo Radelat, Don Jesús Lorenzo y Díaz y Don Rafael R. Maribona. Durante los primeros días de Febrero de 1892 se comenzó la construcción de la casa, para instalar la planta, en la Calzada de Jumagua (Backer) y este mismo año ya Sagua tenía «ELECTRICIDAD». En el barrio de Isabela de Sagua la instala en 1912 el señor Galvany por primera vez en la calle Salvador Cisneros, que hasta el momento se había alumbrado con farolillos de aceite de carbón, siguiéndole en el negocio «Mon y Compañía» los cuales establecen otra planta en la novena avenida del Puerto sagüero.

EL TELÉGRAFO EN SAGUA

El Telégrafo

El Miércoles 30 de Junio de 1856 se dá otro gran salto al progreso de nuestra querida Villa del Undoso con la inauguración del telégrafo de Morse, montado por el empresario contratista Don José Pagés y siendo su primer telegrafista Don Luciano Verdaguer.

El primer mensaje, oficial, lo envió el Teniente Gobernador de Sagua Don Francisco J. Gómez de la Serna hacia la capital, preguntando por la salud del Capitán General, y el primer mensaje particular o público fue enviado por el dueño de la Imprenta y Periódico Don Antonio Miguel Alcover Jaumé al periódico de Santa Clara «La Alborada», el cual decía lo siguiente:

> «Señores redactores de La Alborada: Sagua La Grande saluda a su afectuosa hermana Villaclara y le desea toda clase de prosperidades»

A lo que «La Alborada» contestó:

> «Sr. D. Antonio M. Alcover. La redacción de La Alborada devuelve en nombre de la Villa el afectuoso saludo a la floreciente Sagua. Viva feliz, Eligio Capiró».

LA RADIO EN SAGUA

La primera estación radial la establecieron en Sagua los señores Abelardo y Osvaldo Menocal el 31 de Diciembre de 1932 en la calle Carrillo # 31 entre Calixto García y Máximo Gómez. La llamaron: «La Voz Del Undoso», con sus siglas C M H A, y transmitía en los 1280 kilociclos con una potencia de 250 watts, que bastaron en un principio para su principal objetivo de abarcar Sagua, Isabela, Encrucijada, Cifuentes y Quemado, si describiéramos un círculo alrededor de su centro.

Más adelante su potencia fue aumentada en 1 000 watts. Una década después, el señor Rubén Valdés habilita otra estación de radio que no pudo estrenar debido a negación de licencias; esta se identificaba como CMHO, y la instaló en el penthouse del Hotel Plaza; luego le compra la planta CMHA a Menocal y la traslada para la calle Carmen Ribalta # 125 entre Maceo y Marta Abreu donde, junto a su hermano Justiniano, lograron hacerla muy popular transmitiendo eventos por control remoto, pelota nacional, boxeo, entre otros programas de la capital. «La Voz Del Undoso», se cambió para «La Voz De Sagua», y años después se la llevaron para Santa Clara.

LA FOTOGRAFÍA EN SAGUA

Este instrumento tan importante para la historia visual de una sociedad, apareció por Sagua La Grande en fecha tan remota como 1854, cuando dos gabinetes fotográficos (daguerrotipo) fueron abiertos en la calle Gloria (hoy Martí), por los pioneros de la fotografía Don Tomás González Elías y Don Francisco Albar, siendo Sagua una de las primeras en poseerlo en el interior de la Isla.

El fotógrafo Pedro Enrique Emerson nació en Sagua La Grande en 1856, en la plantación de caña de azúcar (ingenio) de su padre. Adquirió su primera cámara en 1882 para ilustrar un tratado de ornitología que preparaba un amigo. Fue uno de los primeros especialistas en la fotografía de la naturaleza por el mundo.

Un poco después Don Gregorio Casaña es el responsable de la mayoría de las fotografías que hoy tenemos de Sagua relacionadas con todas las esferas de la vida social en el siglo XIX incluyendo reportajes dentro del ejército mambí y español, además de un maravilloso album fotográfico que recoge las fiestas en Sagua La Grande durante la instauración de la República en 1902. Entre sus fotos se destaca la del General Máximo Gómez en su casa del campamento de Bofil, Yaguajay, (única que existe), y la cual el generalísimo envió y dedicó a la Srta. Isabel Curtis de Remedios el 6 de enero de 1899. Su laboratorio de revelado se encontraba en la calle Real Colón # 52 en sus inicios y luego lo amplió mudándose a la calle Cruz # 19 (que hoy es Padre Varela).

Don Emilio Alvarez, que se dedicaba a la fotografía familiar pero era muy popular en la época y se le registró para la historia por haber tomado las fotos en el cementerio viejo de Sagua en 1894 cuando se inauguró la lápida a Ramón Solís.

Don Fernando Carrandi Marín y su estudio fotográfico a principios del siglo XX fueron los responsables de la mayor cantidad de fotos existentes de esa época. Sus fotos se exhibieron en publicaciones sagüeras a sí como en la revista Carteles. Muere en los años 1930s. También se le conoció como uno de los primeros en tener un receptor de radio en Sagua, novedad que constribuía a que su estudio fotográfico siempre estuviera repleto de curiosos oyentes que esperaban por la traducción de Don Pepe Alfert que era el traductor del inglés al español.

A mediados de la República muchos particulares llegaron a poseer cámaras fotográficas y hacían sus propios albumes familiares pero en el comercio se destacaron: «El Arte»; «Pascual Pérez» cuyo studio estaba en Martí entre Colón y Solís (acera sur) y luego se trasladó Martí entre Solís y Céspedes (acera Sur) que anteriormente había sido local fotográfico del francés Donnadieu quien trasladó su negocio a la calle Prado en La Habana. También se destacaban «Fotografía de ROM»; «Flash Studio»; «Foto Rex»; «Gilda Foto», «Estudio Santiago»; y entrando la revolución de 1959 «Foto Hanoi».

PRIMER PERIÓDICO EN SAGUA

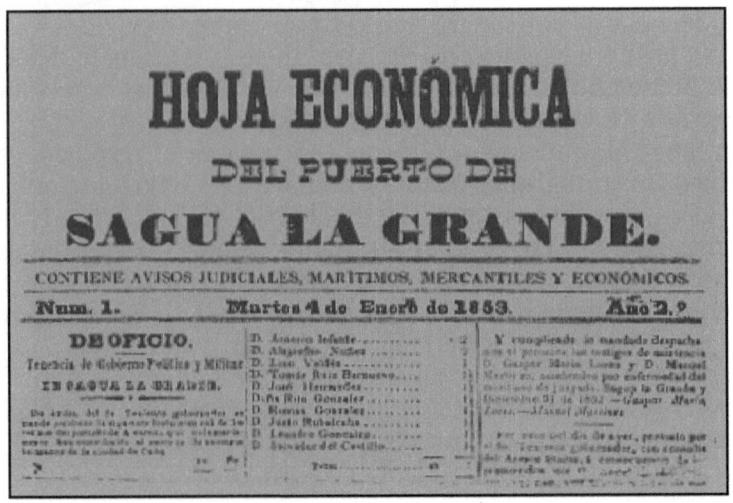

«Hoja Económica del Puerto de Sagua La Grande» se llamó el primer periódico que en 1852 editó Don Antonio Miguel Alcover y Jaumé (Abuelo de Antonio Miguel Alcover y Beltrán, el historiador), cuando introducía la primera Imprenta en la Villa del Undoso.

Con el periódico llegaba la información colectiva la cual está muy unida a la cultura y el progreso de las comunidades. Por primera vez Sagua tenía noticia local resumida en un órgano informativo. Este periódico abarcaba todos los aspectos de la sociedad aunque se concentraba específicamente en cuestiones económicas de la jurisdicción de Sagua La Grande, así como Mercantes, Marítimos y Judiciales.

Siendo nombre tan largo, en 1860, lo cambió a: «El Sagua». Como siempre sucedía, fue el progresista Casariego quien impulsó este proyecto.

PRIMEROS RELOJEROS EN SAGUA

En 1841 ya existía, según el Censo, una relojería en Sagua La Grande. Más tarde se conoce a Don Juan Sarriera que en 1854 se establece como relojero en la Villa. Otros relojeros como «Rojo Relojería» aparecieron a finales del siglo XIX, y Aculla el relojero fue otro personaje muy conocido de a mediados del siglo XX, siendo la lista muy larga hasta el presente, pero aquí solo pretendemos mencionar a los pioneros.

EL TELÉFONO EN SAGUA

Tuvo Sagua La Grande el «CUARTO» lugar de Cuba en instalar una red telefónica en 1892, obra impulsada por Don Andrés Casas Aulet a nombre de «Mas y Cía.», siendo esto un vivo reflejo de el progreso que ya exhibía la Villa del Undoso a finales del siglo XIX.

En 1912 se extendió el tendido hasta Isabela de Sagua, estableciéndose como receptora del nuevo servicio la farmacia de los señores «Bendoyro y Hno.

EL FONÓGRAFO EN SAGUA

En Agosto de 1879 se exhibió en Sagua por primera vez este gran invento de Edison.

En 1892 se vuelve a exhibir el fonógrafo de la casa «Edison United Phonograph of New York» en el Casino Español de Sagua La Grande que quedaba por esa época en la orilla del río frente al Parque Trillo (hoy nombrado «Parque El Pelón» en la Avenida de Cárdenas entre Martí y Maceo).

LA TELEVISIÓN EN SAGUA

Los primeros televisores llegaron a Sagua La Grande casi a la par de su lanzamiento en el mercado norteamericano, cuando aún otros grandes países no soñaban con disfrutar este interesante descubrimiento.

El «niño Bugones» fue el primer ciudadano sagüero en poseerlo cuando Gaspar Pumarejo con su «Unión Radio Televisión» lanzó al aire, por el Canal 4, la primera señal de televisión comercial en Cuba el 24 de octubre de 1950.

En 1957 ya un alto porciento de la clase trabajadora poseía un televisor en Sagua La Grande a pesar de que el invento era relativamente nuevo.

EL CINE EN SAGUA

Pertenece a Sagua La Grande el record de haberse filmado aquí en 1909 el Primer Largo Metraje en la historia del cine cubano, cuando la empresa de Chas Prada produjo una historia de romance-ficción en el sitio de la Finca Uriarte, del Charco La Palma donde vive la criatura del Güije con una cámara Gaumont.

Participaron en este film los sagüeros Melitón, José Antonio Trespalacios (padre de nuestro amigo Abelino y abuelo de Paulo Lauries Pachy), María Teresa Navarro, Juan Olivera, y Nena la hija de Chas Prada, entre otos. La cinta duraba 10 minutos y se titulaba «La leyenda del Charco del Güije», cuya trama consiste en un novio celoso que al tratar de asesinar a su prometida, lo mata un amigo de su rival, y su alma en pena se convierte en güije.

EL VIDEO (VCR) EN SAGUA

Con mucho atraso, con relación al resto de hispanoamérica, llegó el sistema de videocasetes a Sagua en 1983, lo poseía una sola familia y aún el los noventas existe una muy baja proporción entre los videos existentes y las numerosas familias de la ciudad. Los primeros fueron del sistema Betamax, los cuales ya están siendo sustituídos por el «VHS». «Undosovisión Productions» tiene confeccionada una lista de poco más de 100 familias con «videocaseteras» VHS en la ciudad de Sagua La Grande, pero bien pudieran llegar a las 500 en total, lo que representa un promedio de 1 equipo por manzana o bloque de 4 cuadras. El crecimiento anual es de un 10% desde 1995.

WEBSITES SAGÜEROS

Desde 1998 comienzan a surgir las páginas sagüeras en la Internet. La primera gran colección de fotos antiguas (Tintín Collection) se expusieron en una sección de la página www. mtpfla.com/museo y poco tiempo después se pasaron estas a otras diez páginas especializadas en cada uno de los temas Historia, Ciencias, Música, Deportes, Educación, Industria, Personajes, etc). Con la llegada del año 2000 ya tenía esta colección la impresionante cifra de 30 Sitios Webs. A continuación la lista de estos primeros Web Sites que tuvo Sagua La Grande:

WEBSITES DE SAGUA LA GRANDE EN INTERNET
(Los primeros Sitios de la Villa del Undoso desde 1998)

Jurisdicción	museosagua. galeon. com
Isabela	isabeladesagua.tripod.com
Mogotes	usuarios. lycos. es/sagua
Uvero	uvero. tripod. com
Esquivel	cayoesquivel. galeon. com
Industras	saguaindustrias. galeon. com
Comerciales	saguacomerciales. galeon. com
Música	saguamusical. galeon. com
Personajes	saguapersonajes. galeon. com
Personajos	personajos. tripod. com
Meteoros	meteoros. galeon. com
Calles	saguacalles. tripod. com
Sociedades	saguasociedades. tripod. com
Educación	saguaeducacion. tripod. com
Cultura	saguacultura. tripod. com
Salud	saguasalud. tripod. com
Edificios	saguaedificios. tripod. com
Pre-Universitario	institutosagua. tripod. com
Jesuitas	saguajesuitas. tripod. com
Casino Español	casinoespanol. tripod. com
Deportes	saguadeportes. tripod. com
UNDOSOVISION	undosovision. tripod. com
Tesoros	saguatesoros. tripod. com
lub M. P. R	clubmpr. tripod. com

70's CluB   70sclub. tripod. com
Tinteks   tintecs. galeon. com
El Undoso   elundoso. tripod. com

EXPOSICIONES DE FOTOS SAGÜERAS EN WEBS

Ciudad. www.geocities.com/museosagua/1.html
Río . . . . www.geocities. com/museoundoso/1.html
Isabela . . . . www.geocities. com/museoisabela/1.html
Mogotes www.geocities.com/museojumagua/1.html
Monumentos . . . . sies.com/saguamonumentos/index.html desde 1998) et: www.geocitie.com/saguamonumentos/index. html
Personajes . . . . usuarios. lycos. es/saguapersonajes
Exploraciones . . . . jatal. galeon. com
Undoso undoso . . . . . . galeon. com
Villa . . . . villadelundoso. galeon. com
Sagua . . . . sagua. galeon. com
Sagua . . . . sagualagrande. galeon. com

INTERCAMBIO DE MENSAJES SAGÜEROS — foros-chats

Club Undoso . . . . es.groups.yahoo.com/group/undoso
Municipio: . . . . es.groups.yahoo.com/group/municipio_sagua
Club Isabela: . . . . es. groups. yahoo. com/group/isabela
Club Uvero: . . . . es. groups. yahoo. com/group/uvero
Esquivel: . . . . es. groups. yahoo. com/group/cayoesquivel

PERIÓDICOS CIBERNÉTICOS

El primer periódico sagüero por Internet fue «*el Sagua*», creado en el proveedor de Tripod en Venezuela en 2002, que duró poco tiempo pues su contacto con el proveedor fue cortado.

A finales de Diciembre del 2003 también nace «*El Sagüero Ausente*» creado en Miami, Florida, por el autor de este libro con el objetivo de dar a conocer las fiestas, reuniones y noticias culturales y deportivas de los sagüeros exiliados.

Nota: Los Blogs, Twitter y Facebook aún no existían al terminar de escribir este último capítulo.

BIBLIOGRAFÍA

Pedro Suárez Tintín (Folletos-1985)
1—«Protozoos en el Manto Freático del Mogote»/ 2—«Otros Invertebrados de los Mogotes de Jumagua» / 3—«Coleópteros de Sagua La Grande» / 4—«Las Mariposas de Sagua» / «5—Catálogo de Insectos de Sagua» / 6—«Operación Undoso—Los Primeros Sitios Arqueológicos»/ 7—«Catálogo de los Peces de Sabaneque» / 8—«Catálogo de Anfibios del Río Sagua y Jumagua» / 9—«Catálogo de Reptiles de Sagua» / 10—«Catálogo de las Aves del Mogotes y alrededores» / 11—Catálogo de los Fósiles de Sabaneque» / «12—Hemithrinax, la Palmita Endémica» / 13—«Catálogo de los Murciélagos del Mogote, Mamey, Purio y Corazón de Jesús»/ 14—«Los Mamíferos de Sabana» / 15—«Sabaneque: «Espeleo—Cartografías», 16— El Museo de Cayo Conuco» / 17—«Recopilaciones verbales de leyendas», «Diario de Exploraciones, 1970—1985"/18—«The 70's Club» / 19—Sabana y Sabaneque / 20—Descubrimiento del primer Sitio Arqueológico de Sagua La Grande / 21—Descubrimiento de los primeros Sitios Arqueológicos de la ciudad. / 22—Descubrimiento de los primeros Sitios Arqueológicos del Mogote /23—Los tesoros de Sabaneque/ 24—Historia de Sagua (siglo XX).

De Francisco Poveda (El Trovador de los Campos de Cuba, 1796-1881)
—LEYENDAS CUBANAS (1846),
—LA VIDA DEL MAJAGÜERO (1863) (Imprenta Alcover, Sagua)

Antonio Miguel Alcover Beltrán
—HISTORIA DE SAGUA (siglo XIX)
—EL PERIODISMO EN SAGUA
—SAGUA-BARCELONA
—BOCETOS SAGÜEROS
—PRO-SAGUA-

—CRONOLOGÍA DE LA GUERRA HISPANO-YANKEE
—LA ODISEA DE UN CANCILLER
—SAGUA BAJO LA REVOLUCIÓN, LA INTERVENCIÓN Y LA REPÚBLICA
—LA INUNDACIÓN DE SAGUA (1906)
—LA VILLA DE SAGUA LA GRANDE

Tomás Bazail Serpa
—EN PODER DE LOS ESPAÑOLES
—EL OCÉANO SELÍN
—IMPRESIONES SAGÜERAS (1910)

Antonio Rosales Morera
—MEMORIAS DE SAGUA (1872) (Poesía)
—LOS MAMBISES (1874)
—MURMURIOS DEL SAGUA

Manuel Gutiérrez Quirós
—ENTRETENIMIENTOS POÉTICOS (1898)

—ÁLBUM DEL 20 DE MAYO DE 1902 (Fiestas de la Instauración de la República en Sagua)

—MAGAZINE «LA LUCHA» (1926)

—EL TIEMPO (1925—Edición Especial dedicada a personalidades sagüeras)

—EL LIBERAL (1930—Edición Especial dedicada a personalidades sagüeras)

—MEMORIA —HOSPITAL DE MATERNIDAD «Juan de Dios Oña»

Francisco de Paula Machado y Alfondo
—PIEDAD (sobre los reconcentrados y obras de Asilos. —214 páginas — 1926)

José E. Pérez (Pepe-Hillo)
—LAS CALLES DE SAGUA
—DEL PASADO. LEYENDAS Y TRADICIONES LOCALES

—BRIGADA SAGUA LA GRANDE (Sobre la Guerra de Independencia)
—CON SAGUA, POR SAGUA Y PARA SAGUA (1945)
—SAGUA TEATRAL (José E. Pérez, Oscar L. García, Luis González Costi, Francisco Rosales (Imprenta «El Comercio» 1896. 123 Páginas.

Enrique Canut Casals
—MI GESTIÓN COMO ALCALDE DE SAGUA (Folleto).

Rosa M. Ramos (Cuca):
—LADIES TENNIS CLUB
—ANÉCDOTAS
—JOSE E. PEREZ (apuntes biográficos de Pepe-Hillo)
—FRANCISCO P. MACHADO Y ALFONSO (Centenario de su natalicio)
—SAGUA SOCIAL Y DEPORTIVA
—GENERAL FRANCISCO PERAZA Y DELGADO (Centenario de su natalicio)
—SAGUA REVOLUCIONARIA (Ciclo del Cincuentenario)
—NOCIONES DE HISTORIA LOCAL (Ajustada a los Programas de Tercer Grado)
—LA ESCUELA SAGÜERA (Cincuentenario de su Funcación)
—FIGURAS DISTINGUIDAS DE SAGUA
—CULTURA MUSICAL DE SAGUA
—POETAS
—INSTITUCIONES CULTURALES
—CENTENARIO DE NUESTRA IGLESIA PARROQUIAL

Enrique Labrador Ruiz (1902—1991)
—ARTÍCULOS

Arturo Canicer Torres
—COMENTARIOS.

Juan A. Morejón
—APUNTES HISTÓRICOS DE ISABELA (1938).

Pedro Marino Ruiz Rojas
—RECORRIENDO A SAGUA (1939)

—FOLKLORE SAGUERO (recopilación de leyendas por alumnos del Instituto pre-universitario en 1940)

Dra. Carmen Elena Pinto Silva
—EL HOMBRE Y EL MAESTRO (dedicado a José E. Pérez)
—SAGUA CULTA Y GENEROSA
—SOCIEDAD LICEO (1956)

Cámara de Comercio, Industria y Navegación
—SAGUA LA GRANDE

Raoul García Iglesias
—CHIRRINERO (Historia aeronáutica en Sagua)
—CHIRRINERO, VUELO DOS
—TIZNE (sobre la fundición Macfarlane)
—Artículos y comunicaciones personales

Rafael Rasco
—DE GUACAMAYA A LA SIERRA

Ignacia Sampedro de Beguiristain (FOLLETO)
—AVELLANEDA 20 (calle donde se ubicaba su casona)

Felipe González Concepción
—Artículos y comunicaciones personales.

Jorge Mañach
Artículos

Arturo Doreste
PUEBLO NATAL – Poemas – 70 páginas – 1944

Ciro Espinosa
LA TRAGEDIA DEL GUAJIRO –ficción —1939

ARTÍCULOS DE PERIÓDICOS COLONIALES Y REPUBLICANOS DE SAGUA LA GRANDE

HOJA ECONÓMICA DEL PUERTO DE SAGUA
LA COLMENA
EL SAGUA LA TRIBUNA
EL COMERCIO
EL LIBERAL LA ÉPOCA
EL NACIONAL LA UNIÓN SAGUERA
LA UNIÓN
EL UNDOSO
LA SEMANA (Rancho Veloz)
EL FAVORITO LA NUEVA AURORA
EL TIEMPO
LA VOZ DE SAGUA
LA PATRIA
EL ISABELINO
PATRIA
EL BRUJO
ONDINA DE SAGUA
EL POPULAR SAGUA ILUSTRADA
EL DIARIO DE SAGUA SAGUA PINTORESCA
SAGUA CÓMICA
EL IDEAL
EL AVISO ECOS DEL SAGUA
DEMOCRACIA (José E. Pérez)
EL MENSAJERO (Sociedad de color) HERALDO
  DE SAGUA
RIFI-RAFE
EL MENSAJE
EL HERALDO ISABELINO (1928)
ROTARISMO
ECO CIENTÍFICO

SOBRE EL AUTOR

Pedro Suárez Rojo (Tintín) es un destacado naturalista y explorador nacido en Sagua la Grande, Cuba, fundador del famoso «Archivo Sabaneque» creado para rescatar toda la historia olvidada de esta jurisdicción al centro-norte de la Isla de Cuba, el cual además aporta una nueva historia con sus exploraciones espeloarqueológicas por toda la región sagüera.

Fue el descubridor de los primeros sitios arqueológicos para Sagua la Grande los cuales excavó entre 1975 y 1985 en toda la cuenca del Undoso, Mogotes de Jumagua y otros puntos de la costa norte villareña. Entre los años 1970 y 1973 cartografía por primera vez 52 de las más importantes cavernas distribuidas entre «Corralillo» y «El Purio», confeccionando además el primer catálogo de la fauna y flora de toda la región que estaba limitado hasta entonces a muy pocas especies de vertebrados y a algunos árboles frutales. Redescubre la «Palmita de Jumagua» una endémica olvidada desde principios del siglo XX y la propone como «Símbolo Vegetal de Sagua la Grande». Fue el Director del primer documental (film 8 mm) que se realizó en Sagua la Grande en 1984 donde el público admiró por primera vez las bellezas naturales de los Mogotes de Jumagua por 30 minutos. Reporta las primeras 64 especies de protozoos para las cavernas de Cuba y redescubre a los peces ciegos en su caverna original, entre otros muchos estudios.

Como director del Grupo Espeleológico «Sabaneque» de Sagua la Grande (1970-1986) se involucró profundamente (en cuerpo y alma) en la campaña de rescate de los Mogotes de Jumagua los cuales querían ser destruídos en 1977 para convertirlos en cantera de roca caliza, pero finalmente en 1983 obtuvo la gran victoria cuando el veredicto fue a su favor y los queridos mogotes sagüeros fueron declarados como «Area Protegida».

«Tintín», como cariñosamente le llaman los sagüeros, ha participado en expediciones a la selva del Amazonas, el Darién, la zona

Maya de Centroamérica, Bahamas, Bermudas, Canadá y Everglades, entre otras, pero su verdadera pasión está en Sagua la Grande, donde ha investigado hasta la saciedad todos sus misterios pendientes. Se dice en broma que «ha creado la Sagualogía», convirtiéndose él, por tanto, en «el primer Saguólogo».

VOLÚMENES EN PREPARACIÓN DE LA
ENCICLOPEDIA HISTÓRICA DE SAGUA LA GRANDE

ACONTECIMIENTOS HISTÓRICOS
Cronología de los acontecimientos históricos de Sagua la Grande.

LAS INSTITUCIONES
Instituciones públicas de Sagua la Grande como los ayuntamientos, bomberos, policía, aduana y correos, entre otras.

LA EDUCACIÓN
Escuelas, colegios y talleres de Sagua la Grande, así como sus profesores y alumnos más destacados.

LOS PERSONAJES
Personalidades de Sagua la Grande en las ramas de la ciencia, artes, cultura, deportes, educación y política entre otras.

LAS INUNDACIONES
Las inundaciones más importantes que han ocurrido en la jurisdicción de Sagua la Grande desde su fundación.

LOS HURACANES
Los huracanes más desastrosos que ha tenido Sagua la Grande desde sus primeros tiempos de historia.

EL COMERCIO
Los numerosos comercios que ya exhibía la Villa del Undoso durante la época repub;licana (1902–1958), abarcando bodegas, tiendas de ropa, peleterías, almacenes, cafeterías, restaurantes, dulcerías, panaderías, carpinterías, mueblerías, ferreterías, farmacias, lavanderías, sastrerías, y muchas otras ramas del comercio municipal y regional de Sagua la Grande.

LA INDUSTRIA
La poderosa industria que convertía a la región en «Segunda Ciudad Industrial», incluyendo desde sus ingenios azucareros, hasta sus fábricas, talleres y reparadoras.

LAS SOCIEDADES
Agrupaciones privadas, clubes, uniones, fundaciones y sociedades entre otras.

LA SALUD
Historia de la salud en Sagua la Grande: hospitales, clínicas, asilos y consultas privadas, así como sus más destacados doctores de todos los tiempos.

LOS DEPORTES
Deportes y sus deportistas a través de la historia colonial y republicana de Sagua la Grande.

LAS CALLES
Un libro-catálogo de las principales calles de Sagua la Grande durante la república.

LAS EDIFICACIONES
Los edificios y otras edificaciones importantes construídos en Sagua la Grande durante la época colonial y republicana. Se incluyen detalles, frontispicios, adornos e interiores de algunos de ellos.

LOS MOGOTES DE JUMAGUA
Primeras exploraciones, excavaciones arqueológicas, cartografía de las cuevas y el catálogo de su fauna.

LAS ARTES
Historia en Sagua la Grande de las música, artes plásticas, teatro, y otras modalidades de la Cultura.

www.ingramcontent.com/pod-product-compliance
Lightning Source LLC
LaVergne TN
LVHW041628060526
838200LV00040B/1494